KB267753

군인과 함께하는
청춘 동행

군인과 함께하는 청춘 동행

초판 1쇄 인쇄 | 2012년 11월 30일
초판 1쇄 발행 | 2012년 12월 10일

글쓴이 | 고명석
펴낸이 | 윤재승

책임편집 | 정영옥
디자인 | Min디자인

기획편집 | 정영옥, 고다영
영업관리 | 이승순, 공진희

펴낸곳 | 민족사
출판등록 | 제1-149호(1980.05.09)
주소 | 서울시 종로구 수송동 58번지 두산위브파빌리온 1131호
전화 | 02-732-2403, 2404
팩스 | 02-739-7565
홈페이지 | www.minjoksa.org
페이스북 | www.facebook.com/minjoksa
이메일 | minjoksabook@naver.com, minjoksa@chol.com

ⓒ 고명석, 2012. Printed in Seoul, Korea

ISBN 978-89-7009-899-9   03220

군인과 함께하는

청춘 동행

글. 고명석

민족사

머리말

　군 생활은 매우 고달픕니다. 저도 휴가나 외출·외박을 나 갔다가 부대에 복귀하는 시간이 참 괴로웠던 기억이 있습니 다. 지옥의 소굴로 들어가는 느낌이랄까 뭐 그런 것 말이죠. 그 러나 힘들다고 해서, 괴롭다고 해서 군 생활에 짜증내거나 그 저 시간만 흘러가기를 바란다면, 그리고 매사를 피동적으로 살아간다면 인생이 피곤해지고 삶이 힘겹습니다. 그리고 그것 은 귀중한 시간을 덧없이 낭비하는 것이기도 하지요.

　어떻게 하면 힘든 군 생활을 잘 견디고 오히려 그 군 생활을 바탕으로 자기 발전의 계기로 삼을 수 있을까요? 힘들고 화날 때는 어떻게 극복할까요? 그래서 젊은 시절을 아름답고 보람 차게 잘 갈무리할 수 있을까요?

　여기에 대한 잔잔한 내면의 성찰을 담아보려 했습니다. 부 처님 말씀에 근거해서 살맛나고 풍요로운 군 생활을 제시했다 고 보면 됩니다.

어찌 보면 병영 생활이나 스님들의 수행 생활이 참 비슷합니다. 두 곳 다 자신의 행동을 제어하면서 일정한 틀 속에서 살아갑니다. 개인의 자유는 구속됩니다. 그렇게 공동생활을 해나갑니다.

그러나 차이는 있습니다. 한 곳은 자발적으로 참여한 것이요, 다른 하나는 피동적으로 끌려왔다는 것입니다. 그리고 수행자는 내면의 자유를 추구한다는 점이 차이라면 차이일 것입니다.

그러나 내면의 자유는 군 장병들도 누릴 수 있다고 생각합니다. 그것은 군 생활을 자신을 단련시키는 수행 기간이요 수련 기간으로 삼을 때 성취될 수 있습니다. 그렇게 생각을 바꾼다면 아무리 견디기 힘든 군 생활일망정 미묘한 재미와 마음의 평화, 자족감을 느낄 수 있으며 자신을 진지하게 들여다보게 될 것입니다.

저는 1986년도에 28세의 늦은 나이에 입대해서 졸병 시절을 보냈습니다. 돌이켜보면 힘들기도 했지만 좋은 추억거리도 많습니다. 한참이나 동생뻘 되는 동료들과 함께 지내면서 마음고생도 심했지요. 그 시절을 떠올리면서 어떻게 하면 군 생활을 자기 발전은 물론 인생을 살찌우는 소중한 시간으로 삼을 수 있을까 생각하며 이 글을 썼습니다.

Contents

군인의 생활
VS
스님의 생활

푸른 하늘을 기러기 떼들이 날아갑니다. 드넓은 창공을 가르며 힘찬 날갯짓을 합니다.

'저렇게 새들처럼 자유롭게 날면 얼마나 좋을까?'

그렇게 하늘을 바라보며 상념에 젖어 본 적이 있습니다.

통제된 울타리에 둘러쳐져 있는 고립된 생활은 갑갑합니다. 장병들은 자신의 모습이 꼭 새장에 갇혀 있는 새처럼 보일 것입니다. 혈기는 왕성하고 해야 할 일도 많은데 모든 출로가 막혀 버린 듯하지요.

개인이 마음대로 생활할 수 있는 자유가 억제된 사회가 어쩌면 군대일지 모릅니다. 모든 것이 일정한 규정에 따라 기계처럼 움직이는 것이 군대 생활이지요. 자기를 철저히 구속하고 억압합니다. 자율적으로 사용할 수 있는 자유 시간이 있긴 하지만 그것도 통제된 공간 속에서만 가능합니다. 누구도 그 공간을 벗어날 수는 없지요. 먹을 것도 선택할 수가 없고 미리 짜 놓은 식단에 맞추어 배식된 밥과 반찬을 먹습니다.

군대와 유사한 집단이 지구상에 또 하나 존재합니다. 바로 수행하는 스님들의 생활이지요.

스님들의 사찰 생활과 장병들의 병영 생활은 외형적으로 보면 너무나 유사합니다. 스님들 역시 수행 기간 동안에는 사찰을 벗어날 수 없으며 철저히 짜여진 시간에 따라 함께 움직여야 하지요. 홀로 생활하는 것은 금물이고 많은 대중들이 모여 함께 움직여야 합니다.

제가 아는 바로는 해인사의 행자 생활과 해인강원의 사미 스님 생활은 군 생활보다 훨씬 더 어렵습니다. 군대는 지금이야 생활관 시설도 현대식으로 바뀌어 좀 편리해졌다고는 하지만 예전에는 콘센트 막사나 벽돌집에 슬레이트 지붕을 올린 병영막사에 마루 침상이 마주보는 구조였습니다. 양편에 길게 서로 마주보고 있는 침상구조는 마치 일본 선원의 선방 모습과도 매우 흡사하지요. 지금도 일본 선원에서는 침상에서 열을 맞추어 좌선을 하고 있습니다. 듣기에는 현재 병영막사는 침실형과 침상형이 현재하고 있는 것 같습니다.

스님의 하루는 새벽 3시에 시작됩니다. 나팔 소리 대신 목탁 소리에 조용히 일어나 세면하고 예불을 드린 다음 참선에 들었다가 아침을 먹고 청소를 합니다. 시간의 틀에 맞추어 정확히 움직이지요. 거기에서 개인의 일탈된 행동은 용납되지 않습니다. 걸어갈 때도 단정히 차수를 하고 열을 지어 걸어갑니다. 수행자들도 발우공양이라고 해서 자신이 먹은 밥그릇은 스스로 닦습니다.

이렇게 군 생활이나 수행자 생활은 일정한 규율에 따라 톱니바퀴처럼 움직인다는 점에서 매우 많이 닮아 있습니다. 다만 한 가지 차이가 있다면, 군 생활이 타율에 따른 것이라면 수행자의 생활은 자발적으로 원해서 한다는 점이지요. 똑같은 통제된 생활이지만 한쪽은 의무적으로 해야만 하고 다른 한쪽은 스스로 원해서 하는 생활입니다. 수행자의 생활은 통제되어 있다 하지만 그 마음속에는 억울함이나 분노가 없습니다. 자신의 욕망을 제어하고 감각을 차단하면서 마음을 닦습니다.

군 생활도 이렇게 자기를 길들이는 수행의 기간, 나를 돌아보는 수련의 기간으로 마음을 바꾸어 생각한다면 오히려 그 통제된 생활, 획일화된 삶 속에서 자신의 내면을 닦을 수 있는 좋은 시간으로 활용할 수 있을 것입니다. 어차피 2, 3년이라는 세월을 보낼 바에야 억지로 마지못해 허송세월하기보다는 마음 한번 고쳐먹고 내면의 힘을 기르는 시간으로 삼아 보세요. 그러면 오히려 군 생활이 여러분 인생을 살찌울 수 있는 충전의 기간으로 전환될 수 있습니다.

사실 군에 오기까지 우리들은 무조건 앞만 보며 달려 왔습니다. 그러나 인생이란 그렇게 바쁘게 이리저리 움직이는 게 전부는 아니지요. 시시때때로 자신을 되돌아볼 줄 알아야 합니다. 가던 발길을 멈추고 발밑을 보는 것입니다. 그것을 '조고각하照顧脚下'라 합니다. 자신을 비추어 성찰하는 것이지요. 그러면 내 마음의 숲에 맑은 바람이 불어와 청량해집니다.

그렇게 여유를 가지고 자신을 성찰할 때 내가 외부의 여러 가지 조건과 상황에 휘둘리지 않습니다. 밖을 향해 헐떡거리는 마음이 고요하니 깊숙한 본마음이 드러나고 따뜻한 내면의 숨결을 느끼지요. 고요한 숨결을 느끼며 깨어 있는 마음으로 다시 세상을 바라보면 평화로움이 내 삶의 뜨락으로 비둘기 떼처럼 평화롭게 내려앉습니다.

극락과 지옥의 차이는 내 마음이 밖을 향해 헐떡거리느냐, 아니면 고요하고 여유로운 마음으로 깨어 있느냐에 달려 있습니다.

어떤 사람이 지옥 구경을 갔다고 합니다. 가 보니 상에는 온갖 산해진미가 가득 놓여 있었습니다. 그런데 조건이 있었습니다. 사람들은 긴 수저만을 사용해야 합니다. 지옥 사람들은 자신의 탐욕에만 눈이 멀어 그 긴 수저로 음식을 잔뜩 떠서 자신의 입에 가져가려고 안달입니다. 그러나 긴 수저로는 아무리 안간힘을 써도 자신의 입에 닿지 않습니다. 그래서 모두 맛있는 음식을 먹지 못하고 굶주리면서 아우성치고 있었지요.

이번에는 극락 구경을 했습니다. 거기서도 같은 조건에 상에는 온갖 산해진미가 쌓여 있었습니다. 그런데 거기서는 긴 수저로 자신의 입을 채우는 데 급급하지 않고 서로의 수저로 상대방을 먹여주는 것이었지요. 극락과 지옥의 차이는 이렇게 똑같은 조건이지만 어떻게 마음을 쓰는가에 달려 있는 것입니다.

비록 군 생활이 통제된 생활일지라도 자신을 단련시키고 미래를 준비하는 기간으로 마음을 고쳐먹고 자신을 뒤돌아보며 수행을 해 나간다면 내 인생살이에서 **귀중한 시절**로 기억될 것입니다.

불교와 군인

군 장병들이 불교를 믿고 따르면 무엇이 달라질까요? 불교의 어떠한 가르침으로 이 어렵고 힘든 삶을 헤쳐 나갈 수 있을까요? 그래서 푸른 연어들처럼 거세게 흐르는 물을 역류하며 힘차게 앞으로 나갈 수 있을까요?

저는 그것을 무아無我에서 찾습니다. 무아의 가르침이야말로 고통스러운 삶의 방식에서 자유로운 삶으로 살아가게 하는 감로수와 같습니다. 왜 그럴까요?

무아란 **'내가 없다'**는 것입니다. '아니, 내가 이렇게 밥 먹고 잠자며 이야기하고 움직이고 있는데 내가 없다니 그것이 무슨 말인가?' 하며 의아해하는 사람이 많겠지요.

물론 나를 이어가는 나만의 뿌리는 있지요. 나의 생명은 있습니다. 그런데 그것이 시시각각 조건에 따라서 변하고 있습니다. '나'라고 할 만한 고정된 실체를 보여줄 수 없다는 것이지요. 그렇게 나는 한정된 모습, 규정된 모습으로 살고 있지는 않습니다.

어릴 때의 나와 지금의 나는 많이 다릅니다. 신체적으로 정신적으로나 똑같지는 않지요. 그렇게 변화하는 자아, 행위하는 자아가 존재할 뿐입니다. 마치 영화 필름이 하나하나 단절되어 있지만 빨리 돌리면 연결되어 흐르는 것처럼 보이는 현상과 같지요.

그렇게 나는 흐름 속에 있고 변화의 과정 속에 있기 때문에 언제나 자유로운 모습으로 존재하는 것입니다. 그런데 스스로 한계를 짓기 때문에 문제가 생깁니다. 따라서 자신을 비우면서 살아가면 우리 앞길에는 행복이 보장됩니다.

불교에서는 모든 것을 마음이 만들어 낸다고 합니다. 일체유심조一切唯心造라는 것입니다. 달리 말하면 내 마음 상태가 어떠한가에 따라 세상이 달리 보인다는 의미이지요. 사랑했던 연인의 경우, 똑같은 그 사람의 모습인데도 불구하고 사랑할 때는 그 얼굴이 한없이 아름다워 보이지만, 헤어질 때는 더 이상 보고 싶지 않은 보기 싫은 얼굴로 변해 보이지요. 그 사람 모습은 똑같지만 내 마음이 변했기 때문입니다.

아무리 아름다운 경치도, 아무리 좋은 음악도, 아무리 맛있는 반찬도 내 마음이 괴로울 때는 무덤덤하고 번거롭기까지 합니다. 마음이 괴롭고 복잡하면 무엇을 하더라도 제대로 느껴지지 않습니다.

휘영청 밝은 달밤은 사랑을 하는 사람에게는 연인을 그리워하는 사모의 감정이 물밀듯 밀려 오는 밤이지만, 실연의 아픔을 당한 사람에게는 그 달밤이 한없이 슬프고 고적하게 느껴질 것입니다. 그렇게 **마음 상태에 따라 세상이 달리 보이지요.** 돼지 눈에는 돼지만 보이고 부처님 눈에는 부처만 보인다는 것입니다.

똑같이 힘을 들이는 것도 일이라고 생각하면 힘들고 운동이라고 생각하면 재미있습니다. 헬스클럽에서 역기를 들며 몸을 만드는 운동에는 땀을 뻘뻘 흘리며 적극적인데 작업장에서 무거운 짐을 나르는 일에는 소극적이며 힘이 더 들지요. 그렇게 마음가짐을 어떻게 먹느냐에 따라 삶의 피로와 무게가 달라집니다.

물론 같은 값이면 다홍치마라고 좋은 환경, 좋은 옷, 좋은 음식이 좋긴 합니다. 아주 쾌적하고 좋은 환경 속에서 식물도 잘 자라나고 교육도 잘 이루어집니다. 바닷가에서 파도 소리를 들으면 마음이 편해지고 고요해지지요. 그래서 환경이 중요하다는 애기도 나옵니다. 아무래도 척박한 토지보다는 비옥한 토지가 낫다는 애기지요.

그러나 더 중요한 건 그러한 환경을 대하는 마음가짐입니다. 척박한 환경 속에서도 긍정적인 마음을 갖고 그 힘든 상황을 잘 극복하면 큰 인물로 성장할 수 있고, 아무리 쾌적한 환경일지라도 나태하고 게으른 마음을 품는다면 오히려 그 환경이 그 사람의 인생을 황폐화시키는 마약으로 작용합니다.

애플사를 공동으로 창업한 세계적으로 유명한 최고의 CEO 스티브 잡스가 스탠퍼드대학 졸업식 축사를 하게 되었습니다. 스티브 잡스는 불교의 가르침을 실천하고 선禪에 심취했던 사람이기도 하지요.《스티브 잡스》, 월터 아이작슨 저, 안진환 옮김, 민음사, 2011, 71쪽 그는 축사에서 다음과 같은 요지의 연설을 하였습니다.

"당시에는 몰랐지만 애플에서 해고당한 것은 제 인생 최고의 그는 대학을 자퇴한 후 코카콜라 빈 병을 팔아서 용돈을 챙기고 공짜로 주는 밥을 얻어 먹으려고 인근의 사원까지 걸어가는 배고픈 시절을 보냈다고 합니다. 그러면서 자신이 관심을 가지고 있었던 캘리그래피 손으로 쓴 아름답고 개성 있는 글씨를 디자인하는 일에 대한 강의만 듣습니다. 이러한 것이 자산이 되어 그는 애플사를 창건하여 아름다운 서체를 개발하여 발전시켰습니다.

그러나 그는 참으로 어처구니없는 상황에 직면하고 맙니다. 자신이 창건한 애플사에서 해고를 당하게 된 것입니다. 하지만 그는 그러한 최악의 조건을 자신이 성공하기 위한 계기로 삼았습니다. 스티브 잡스, 이렇듯 그는 최악의 상황에 직면해서 오히려 그것을 자기가 발전할 수 있는 계기로 삼았습니다.

제2차 세계대전 당시 빅터 프랭클 역시 아우슈비츠를 비롯한 나치 포로수용소에 수감되어 절망과 죽음의 공포에서 좌절하지 않고 유명한 정신과 의사가 되었습니다. 그는 옆에서 처형당하는 친구들과 그런 상황에서 의욕을 상실해 자살하는 사람들을 보면서도 그들에게 도움을 주고 살고자 하는 의욕을 찾았습니다. 그 결과 그가 발견한 것은 자기 선택이었습니다. 한겨울 고드름이 열리는 수용소에서 웃통을 벗고 잠시 이를 잡는 시간에 전기불이 나가지 않는 것을 행복이라 여길 정도로 힘겨운 상황이었습니다. 그런 가혹한 환경과 모든 것을 박탈당한 절망적인 상황에 처해 있을지라도 자신의 태도를 선택할 수 있는 능력과 자유가 자기 안에 있다는 발견이었지요.《죽음의 수용소에서》, 빅터 프랭클 저, 이시형 옮김, 청아출판사, 2007, 120~121쪽 참조 그러한 선택이 그를 살게 했으며 결국에는 훌륭한 정신과 의사로 성공시켰던 것입니다.

부처님께서는 마음은 화가와 같다고 했습니다. 화가는 붓 가는 대로 갖가지 사물을 그려냅니다. 마음 역시 외부 세계를 만들어 냅니다. 결국 내가 이렇게 혹은 저렇게 그려 내는 것이지요. 내 마음에 중생의 때가 끼면 세상은 혼란의 소용돌이 속에서 시끄럽기 그지없습니다. 그러나 내가 부처의 마음이라면 비바람이 몰아치는 격동의 순간도 유유히 흐르는 강물과 같습니다.

병영 생활이 행복이 넘치느냐, 지옥의 소굴이 되느냐는 내 마음가짐에 달려 있습니다. 그것은 내 마음에서 어떻게 세상을 그리느냐에 따라 달라집니다. 내가 얼마나 그 세계에 감응하여 마음을 잘 쓰는가 그것이 중요합니다. 그리고 그러한 세상이 진정 살아 있는 세계이지요. 반면에 우리에게 비쳐지는 세계는 이리 저리 흘러가는 영상일 뿐입니다. 그래서 꽃의 시인 김춘수는 다음과 같이 노래합니다.

내가 그의 이름을 불러 주기 전에는
그는 다만
하나의 몸짓에 지나지 않았다.

내가 그의 이름을 불러 주었을 때
그는 나에게로 와서
꽃이 되었다.
(김춘수의 〈꽃〉 중에서)

Q.₀₁

군 생활이 갑갑하고 불편합니다. 벗어나고 싶어요.
어떻게 하면 구속된 삶에서 자유로울 수 있을까요?

구속된 삶, 자유롭지 못한 삶이 불행한 것은 확실합니다. 장병들의 병영 생활 역시 구속된 삶이며 자유롭지 못하지요. 그러나 사람들은 누구나 가정이나 사회생활 그리고 조직 생활을 하게 되면 거기에서 요구하는 일종의 규칙이나 규약을 따라야 합니다. 어디서건 구속을 벗어나기 힘들다는 것이지요. 다만 정도의 차이가 있을 뿐입니다.

군대라는 조직과 일반 사회 조직이 차이가 있다면 일반 사회 조직은 내가 원해서 들어간 곳이고, 군대는 내 자유로운 의사와는 관계없이 법에 떠밀려 강제로 들어왔다는 것입니다. 그렇게 원치 않는 군대 조직 속에서 억지로 참고 생활한다는 것은 여간 갑갑하고 불편하기 짝이 없습니다. 그러나 불편하다고 해서, 자유롭지 못하다고 해서 오랜 기간 동안 짜증을 내며 살기에는 너무나 인생이 억울합니다. 어떻게 하면 구속된 삶 속에서 자유로울 수 있을까요?

사실 밖에서 나를 구속하는 것보다 내 스스로 자신을 구속하는 것이 더 힘들고 괴롭습니다. 스스로 파놓은 함정에 자기가 걸리는 경우가 더 치명적입니다.

중국 선종의 네 번째 스승인 도신道信, 580~651스님이 승찬스님을 찾아가 넙죽 절하면서 여쭈었습니다.

"스님, 해탈하고 싶습니다. 해탈하는 법을 일러 주십시오."

해탈이란 걸림이 없는 자유를 말합니다. 속박이 없고 구속이 없는 완전한 자유를 일컫지요. 그러자 승찬스님은 말합니다.

"해탈하고 싶다니! 그렇다면 누가 너를 구속했느냐?"

"아무도 저를 구속하지 않았습니다."

"아무도 구속한 사람이 없다면 그대는 이미 해탈한 사람이다. 어째서 다시 해탈을 구하고자 하는가?"

이 말을 듣고 도신스님은 그 자리에서 크게 깨달았습니다. 과연 누가 나를 구속했을까요? 누가 우리를 구속했을까요? 외부의 조건이 우리를 구속해서 갑갑할 수도 있지만 더 중요한 것은 **내가 나 자신을 구속한다**는 것이지요. 왜 그럴까요?

마음과 생각이 그 주범입니다. 우리들은 어떤 사실이 전개되면 그것을 자기 자신의 생각에 맞추어 갖가지 상상의 나래를 펴며 스스로 가상의 세계를 만들어 놓고 스스로를 옥죄면서 삽니다. 생각이 앞서 나가면서 그 생각에

사로잡혀 마음이 급하게 달아오르기도 하고 불안을 느끼기도 하지요.

예컨대 내가 어떤 사람을 사랑한다고 할 때, 그 사랑하는 감정에 너무 매달리다 보면 그 사랑하는 연인이 어디서 무슨 일을 할까? 혹시 다른 사람을 만나는 것은 아닐까하는 근심걱정에 하루 종일 내 마음이 사로잡혀 스스로를 괴롭히는 것입니다.

군 생활을 하면서도 힘들고 하기 싫은 일에 직면하여 그 사실을 있는 그대로 인정하고 수용하기 이전에 마음속으로 하기 싫다는 생각이 먼저 올라와 나 자신의 마음을 더 괴롭히고 더 구속하는 것입니다. 이렇게 우리는 나 자신의 생각으로 나 자신을 묶어 하루하루를 힘들게 살아갑니다. **나 자신의 생각의 포로가 되는 것이지요.**

백수의 왕 사자가 죽는 이유는 외부의 조건보다는 자신의 몸에 생긴 병균 때문에 죽습니다. 배가 가라앉는 이유는 풍랑보다는 배 안에 구멍이 나거나 한쪽으로 기울어져 있기 때문인 경우가 많습니다. 따라서 외부의 조건이 주는 구속보다는 스스로의 생각이 가져오는 구속이 더 자신을 옥죄어 온다는 것을 명심하고 자신의 마음을 잘 챙겨야 합니다.

사람은 영혼이 자유로워야 합니다. 영혼이 구속되면 사실상 모든 출로가 막히지요. 외부의 압제에 의한 구속도 사람을 힘들게 하지만, 영혼과 정신이 구속되면 정말 수렁에서 헤어나기 어렵습니다.

영혼이 자유로울 땐 어떤 외부의 구속과 압제에 대해서도 저항해 나갈 수 있는 힘이 생깁니다. 어떠한 고난도 뚫고 나갈 수 있는 생명이 고동치게 마련이지요. '위대한 영혼'이라 불리는 마하트마 간디는 그러한 영혼의 자유로 영국의 혹독한 압제에서 인도 사람들에게 희망과 꿈을 심어 주었습니다. 그래서 불교에서는 무엇보다도 마음의 해탈, 걸림없는 자유를 강조하고 있는 것이지요.

그런데 **누가 구속하나요?** 외부의 구속도 있기는 하지만, **스스로 자신을 구속한다는 것이 가장 커다란 구속입니다.** 그러니 자신의 영혼을, 자유로운 정신을, 깊은 생명을 스스로 구속하지 말아야 합니다.

고통을 깨우치는
좋은 기회

삶에 지친 사람들은 말합니다.

"벗어나고 싶다. 해방되고 싶다. 고통스러운 이 삶의 현실에서 자유롭고 싶다."

삶이 고단하기 때문에 그렇습니다. 비단 삶에 지친 사람만이 삶이 고단한 건 아니지요. 누구나 고통스러운 현실에 직면하기 마련이지요. 그런데 군 장병들이 겪는 괴로움은 더 클 것입니다.

한겨울에 실시되는 혹한기 훈련이나 매년 어김없이 찾아오는 유격훈련 등은 저를 참 고통스럽게 했던 기억이 있습니다. 특히 유격훈련 때 진행되는 선착순과 피티체조 등은 정말 힘들지요. 그 뿐인가요? 마주치고 싶지 않은 선임병과 만나는 것도 고통이요, 뜻하지 않게 벌어지는 동료와의 말다툼, 장교들의 꾸중과 사소한 질책도 괴롭습니다. 더구나 편히 쉬고 싶은데 작업에 동원되거나 억지로 운동을 하는 것도 무척 괴로운 일이지요.

주변에서 원치 않는 일들이 너무 많이 벌어집니다. 정말 강제와 명령이 싫을 때가 많습니다. 부지불식간에 짜증이 올라옵니다. 고통스러운 일들이 불쑥불쑥 느닷없이 얼굴을 내밀고 찾아올 때 참 괴롭습니다.

왜 이렇게 고통스러운 일들이 전개되는 것일까요? 정말이 고통스러운 삶의 현장으로부터 벗어나는 길은 없을까요?

불교에서는 사람으로 살아간다면 고통이 생겨날 수밖에 없다고 말합니다. 누구라도 **살면서 고통을 피할 수는 없기 마련**입니다. 고통을 외면할 수는 없다는 것이지요. 고통을 피한다고 해서 그 고통이 사라지지 않습니다. 내가 상관으로부터 언짢은 말을 들어서 마음이 괴로운데 그 괴로움을 피한다고 해서 저절로 사라지겠습니까? 절대 그렇지 않습니다. 그 괴로움은 마음속에 잠재해 있다가 느닷없이 또 자신을 괴롭히기 마련이지요. 따라서 고통을 피하지 말고 고통을 직시해야 합니다.

그렇게 고통을 직시할 때, 내가 현재 괴로운 상태에 있다는 것을 바로 알고 그런 상황으로부터 벗어나고자 하는 마음을 일으킵니다. 고통을 직시하고 그것으로 벗어나 자유롭게 사는 길을 모색하는 것이지요. 그래서 부처님께서는 이러한 고통에 대한 앎도 고통에 대한 성스러운 진리라고 했습니다. 그것을 고성제苦聖諦라고 합니다. **군 생활은 어찌 보면 쉽게 고통에 직면할 수 있는 유일무이한 기회일지도 모릅니다.** 고통을 깨우치는 매우 좋은 기회이지요.

그렇다면 고통은 왜 발생할까요? 그것은 **집착** 때문입니다. '나'를 중심으로 한 욕망과 탐착 때문에 고통이 일어납니다. 탐착이 일어나는 모습을 보면 '나'를 고정 불변하는 존재로 착각하여 '나'와 '너'를 경계짓고 담장을 둘러쳐 '나' 아닌 '너'를 배제하며 나만 잘 살자, '나', '내 가족',

'내 집단'하고 '나만' 집착하여 자꾸 내 위주로 살아서 그렇습니다. 그래서 남이, 주변의 상황이 뜻대로 전개되지 않으면 괴롭고 화나고 증오가 일어납니다.

나에 대한 집착을 놓으면 되는데 놓지 못하기 때문에 고통이 발생하는 것이지요. 부처님은 이렇게 고통의 원인이 집착하는 데 있다는 사실을 자각했습니다. 따라서 이러한 집착에 대한 자각 역시 성스러운 진리입니다. 내가 집착하고 있다는 사실을 안다는 것이 그만큼 중요하기 때문이지요. 그것을 집성제集聖諦라고 합니다. 풀어서 말하자면 고통의 원인이 집착에 있다는 사실을 아는 성스러운 진리이지요.

고통이 사라지고 한없이 평화롭고 행복한 상태를 멸滅이라 합니다. 그것은 나에 대한 집착이 사라져 나와 너, 나와 대상을 나누는 벽이 허물어진 상태이지요. 사실 원래 벽은 없는 것입니다. 스스로 그렇게 벽을 쌓았을 뿐이지요. '나'라는 것 때문에 말입니다.

벽이 허물어지면 나와 너 사이에는 걸릴 것이 없습니다. 나와 대상이 한몸이 되니 그저 내 마음 가는 대로 움직입니다. 그렇게 하나가 되어 움직이니 장애물이 생길 리가 없고 갈등이 일어날 리 만무하지요. 나에 대한 집착이 끊어졌기 때문에 그렇습니다. 나와 나의 것에 대해 타오르던 집착의 불꽃이 꺼져 있으니 그저 평화로울 따름이지요.

그것이 불교에서 말하는 최고의 경지인 열반涅槃입니다. 열반이란 번뇌와 집착의 불꽃이 완전히 꺼진 상태를 일컫습니다. 멸滅이란 그렇게 번뇌가 멸하고 집착이 멸한 것이지요. 이것을 멸성제滅聖諦라고 해서 고통의 소멸에 대한 성스러운 진리라고 말합니다.

그렇다면 어떻게 집착과 탐욕을 비워 행복해질 수 있을까요? 어떻게 하면 자유롭고 평화로울 수 있을까요? 그 구체적인 방법은 무엇일까요? 부처님은 그것을 팔정도八正道로 제시합니다. 다시 말해서 여덟 가지 바른길을 가면 고통으로부터 벗어나 자유로울 수 있고 자신을 얽매는 속박으로부터 벗어난다는 것입니다. 그 팔정도가 고통의 소멸에 이르는 성스러운 진리라 해서 도성제道聖諦라고 일컫습니다.

이렇게 고통, 그 고통의 원인인 집착, 집착이 사라진 열

반의 상태로서 멸, 그리고 열반에 이르는 길을 네 가지 성
스러운 진리라고 해서 사성제四聖諦라고 합니다. 군 장병들
이 이러한 사성제에 대한 원리만 잘 알아도 괴로움에서 벗
어나는 길을 잘 찾아 나설 수 있을 것입니다. 과연 그러한
가 눈을 감고 조용히 사유해 보세요.

사랑하는 사람과 헤어져 슬픕니다. 가족도 보고 싶고 여자친구도 보고 싶습니다. 사랑하는 사람의 빈자리를 어떻게 메울 수 있나요?

정들었던 가족, 절친했던 친구, 나를 누구보다 아껴 주던 사람과 헤어진다는 것은 커다란 슬픔이요 고통입니다. 내가 사랑했던 가족, 친숙한 공간과의 이별 뒤에 남는 것은 쓸쓸함이지요. 내가 원한 이별이 아니고 어쩔 수 없는 상황에서 정든 사람을 떠난 별리의 고통은 더욱 쓰립니다. **가슴에 텅 빈 구멍이 생깁니다.** 정든 사람과 함께 오순도순 머물던 마음의 집이 텅 비어 있는 것이지요. 휑하니 찬바람만 일어납니다. 그래서 너무 슬프고 적막합니다. 금방이라도 문을 열고 들어올 것 같은 어머니, 어디선가 얼굴을 불쑥 내밀고 나타나 어깨를 툭 치며 술 한 잔 하자는 친구, 그러한 사람들이 사라진 그 집, 그 텅 빈 집에 나 홀로 남아 있습니다. 썰물이 되어 나가버린 갯벌에 짝 잃은 외로운 갈매기의 모습이 얼마나 처량해 보이는가요. 그것이 바로 내 모습이라니!

자, 그렇다면 어떻게 이런 슬픔을 극복할까요?

세상은 무상합니다. '화무십일홍花無十日紅'이라고 했습니다. 열흘 동안 붉은 꽃은 없다는 뜻으로, 한 번 흥한 것은 얼마 못 가서 쇠한다는 것을 의미합니다. 화창한 봄날 어제 핀 모란이 벌써 땅바닥에 떨어져 끈적거립니다. **모든 것은 원인과 조건에 따라 그때그때 생겨났다가 금방 사라집니다.** 영원한 만남도, 영원한 행복도, 영원한 그 무엇은 절대로 없습니다. 땅이 꺼질 듯한 고통과 괴로움도 사실 순간에 벌어지고 이윽고 사라집니다.

그렇게 **모든 것은 머물다 홀연히 가 버리지요.** 그것이 우주의 법칙이고 삶의 조건입니다. 문제는 그러한 것들이 영원히 지속되는 것처럼 마음속으로 생각하고 자꾸만 그러한 것들을 떠올리는 데 있습니다. 그것이 일종의 마음속의 병이며 집착입니다. 그래서 실제로는 없는 허상들을 자꾸만 키워가면서 거기에 자신이 휘둘려 고통을 가중시키는 것이지요.

물론 내 마음의 방에서 함께 뛰어놀던 웃음소리, 다정한 목소리, 그 모습, 그 얼굴은 금방 사라지지 않습니다. 어떻게 그것이 쉽게 망각의 강으로 흘러가 버리겠습니까? 인정합니다. 홀로 있을 때면 수시로 그리움이 밀물처럼 밀려와 왈칵 눈물이 솟는다는 것을.

그러나 그런 것도 하루 이틀입니다. 계속 그런 그리움에 매달리고 붙들려 있으면 더욱 마음이 쓸쓸해집니다. 냉혹하지만 이제는 다 떠나고 나 홀로 남아 있다는 사실을 인정해야 합니다. 사실을 있는 그대로 받아들여야 합니다. 그러면서 이제는 모두가 떠난 그 빈집을 그냥 방치하는 것이 아니라 더 튼튼하고 아늑한 집으로 가꾸어 보면 어떨까요. 언젠가 다시 만날 그 사람들을 위해 나의 내면의 깊이를 더 튼튼히 가꾸어 나가는 것이지요. 다시 만날 그때를 위하여 성숙한 내가 되어가는 것입니다.

신라 향가 중에 월명스님이 지은 〈제망매가〉를 기억할 것입니다. 거기서 스님은 사랑하는 누이동생과 사별을 합니다. 그러면서 같은 가지에 나고서도 그녀가 가는 곳을 모른다고 절규합니다. 하지만 스님의 슬픔은 거기서 끝나지 않습니다. 스님은 말합니다.

"아미타부처님의 땅에서 만날 그날을 위해서 도 닦아 기다리련다."

스님은 간절한 염원을 세워 그 슬픔을 극복하고 있는 것이지요. 그런데 우리 장병들에게 닥친 이별의 고통은 이 정도는 아니지 않은가요? 따라서 헤어진 사람들과의 빈자리를 채우기 위해 내면의 힘을 키우는 것은 물론 보초 서는 시간이든 어떤 한 시간이든 짬을 내어 깊은 마음의 바다 속으로 들어가 정들었던 그들에게 대화하고 따뜻하게 미소를 보내는 시간을 가져보는 것도 좋습니다.

깊은 바닷속에서는 모든 물들이 만납니다. 그렇듯이 내 깊은 마음속에는 모든 것이 들어와 깃들어 있습니다. 마음의 초점을 맞추고 그들을 향해 깊게 행복과 평화를 기리는 마음을 보내보세요. 그렇게 해서 헤어진 아픔을 극복하고 더 큰 기쁨으로 승화시켜 나간다면 삶이 건강해집니다.

다시 말하건대 흘러간 과거에, 그 정들었던 추억에 집착하지 말아야 합니다. **흘러간 물은 다시 주워 담을 순 없습니다.** 조건에 따라 흐르는 현상을 그냥 놔두세요. 흘러간 대로 놔두고 새롭게 흘러오는 물에 마음을 기울이는 것입니다. 그렇게 마음을 가두지 말고 자유롭게 내버려 두는 것이지요. **'Let it be!'** 하세요.

그러면서 새롭게 만난 얼굴들, 새로운 환경과 따뜻한 소통의 장을 만들어 갑니다. 새로운 인생을 경험한다는 것, 새로운 친구들을 만나 또 다른 세계를 맛본다는 것 또한 우리의 삶을 풍요롭게 하고 살찌우는 자양분이지요.

　사랑만큼 좋은 것은 없습니다. 사랑하는 사람과 사랑하고 사랑받을 때 참으로 행복하지요. 마음을 졸이며 설레는 가슴을 안고 임을 만나러 가는 길은 두근거리기만 합니다. **마음에 달이 뜹니다.** 어쩌면 외롭고 힘든 군 생활에서 사랑하는 여인의 속삭임을 들을 수 있다는 것은 큰 위로며 기쁨입니다.

　입대하게 되면 사랑하는 연인과 오랜 기간 헤어져 있어야 합니다. 단 하루라도 그 모습이 안 보이면, 그 목소리가 안 들리면 왠지 허전하고 답답한 그런 사람과 장시간 떠나 있어야 하는 것이지요. 그러니 얼마나 마음이 허전하고 힘들겠습니까? 게다가 군 복무하던 중간에 그 여인이 떠날까 한시라도 편할 날이 없이 마음을 졸입니다. 심한 경우는 끝내 이별을 고한 그녀 때문에 눈물과 한숨으로 시간을 보내는 것이지요.

　어떻게 군 생활을 하면서 멋지게 사랑하고, 설사 이별한다 하더라도 아름다운 이별이 될 수 있을까요? 그리고 실연의 아픔을 극복할 수 있을까요?

사랑이란 궁극적으로 상대방의 생명을 사랑해야 한다고 생각합니다. 맨 처음 그 사람의 외모와 마음과 말들이 내 마음속을 파고 들어와 사랑을 했지만, 참다운 사랑은 그것보다 더 깊어야 하지요. 그런 사랑을 해야 마음에 깊은 상처를 주지 않고 영혼을 살찌우게 됩니다. 그런 사랑이란 무엇일까요?

첫째는 어떤 상황이 벌어진다 해도 상대방을 믿어 주어야 합니다. 사랑하는 여인에 대해 의심하기 시작하면 그 사랑은 금이 가기 마련입니다. 설사 상대방에게 의심이 가는 행동이 보이더라도 그럴 수도 있겠지 하면서 용인하고 믿어 주어야 합니다. 믿음이 사라지고 불신이 시작되면 상대방의 일거수일투족에 신경을 바짝 세우게 되고 그것을 의심의 눈초리로 바라보면 머리는 뻐근해지고 눈은 빨갛게 충혈되고 좌불안석이지요.

또한 의심하기 시작하면 기상천외한 상상이 자신을 지배합니다. 혹시 그녀가 다른 남자와 만나서 사랑에 빠지는

것은 아닌지, 다른 남자와 손을 잡고 어디론가 가는 것은
아닌지 온갖 상상이 들 것입니다. 더구나 자신은 군대에
있기 때문에 대처할 길이 없습니다. 그렇게 생각이 떠오르
는 순간 배신감이 떠올라 얼마나 괴롭겠습니까? 지옥이
따로 없겠지요. 나아가 그런 있지도 않은 일을 가지고 상
대방을 괴롭히기도 합니다. 맨 처음에는 이해하겠지만 심
해지면 아무리 사랑하는 사람이라 할지라도 짜증을 내고
다투기 마련이지요. 그러다 보면 틈새가 벌어져 돌아올 수
없는 강을 건너고 맙니다.

그렇게 의심하면서 자신을 괴롭히고 상대방을 괴롭히니
그러한 사랑이 오래 갈 리가 없겠지요. 그러니 **진심으로
사랑한다면 그 사람의 생명을 사랑해야 합니다.**
그 사람의 삶 자체를 사랑해 주어야 한다는 것이지요. 무
엇을 하든 믿어 주고 아낌없는 신뢰를 보내야 합니다. 그
리고 상대방의 영혼과 생명 자체를 사랑하게 되면 그 사랑
앞에서 어떠한 질투와 애증도 눈 녹듯 사라질 것입니다.
상대방의 어떤 잘못도 용서하기 마련이지요. 그것이 진정
깊은 사랑입니다. 그런 사랑 앞에선 이별도 상처받는 이별

이 아니라 흘러가는 하나의 현상이지요.

둘째는 사랑하는 상대방을 편하게 해 주어야 합니다. 사랑은 상대방을 편하게 해 주는 것입니다. 상대방이 어떤 급한 일로, 또는 어떤 중대한 일로 자신의 일에 몰두하고 있는데, 수시로 전화하고 문자 보내서 확인하며 전화를 받지 않는다고 화낸다면 상대방도 짜증이 날 것입니다. 아무리 사랑하는 사람이라 할지라도 기분은 씁쓸하겠지요. 사람들끼리 만나는 사회에서 다른 남자도 만날 수 있고 회식할 경우 직장 동료와 밤늦도록 술 한 잔 할 수도 있습니다. 그런 것을 가지고 뭐라고 하면 그런 남자는 참 좁쌀영감처럼 보입니다. 그것은 지나친 집착이고 간섭이지요.

사람은 사랑하는 사람으로부터 구속받기를 원하긴 하지만, 무한정 그렇진 않습니다. 그것은 순간이지요. 사람은 본질적으로 구속을 싫어합니다. 자신의 인생살이를 남으로부터, 하다못해 부부지간에도 일일이 감시받는 것을 싫어하지요. 점검받고 감시받고 보고하고 이렇게 살 수 없는 것이 인간입니다. 그러므로 진정 그 여인을 사랑한다면 편하게 해 주세요.

이렇게 한 여인을 사랑한다면 그녀와 일시적으로 헤어져 있다고 해서 좀 힘들긴 하지만 괴로울 건 없습니다. 또한 그녀가 나를 영영 버리고 떠난다 해도 그 여인을 향해 증오심을 가질 필요도 없는 것이지요. 진정 그녀의 삶을 사랑했다면, 그리고 그녀에게 정말 내 마음과 정성을 다 주었다면 이별이 아프긴 하지만 가슴을 저미는 고통으로 작용하지는 않을 것입니다. 떠났다 하더라도 깊은 마음으로 행복을 빌어주세요.

사람들은 이별하는 데 상당히 서툽니다. 그러나 세상살이는 만나면 이별하게끔 되어 있습니다. 그러니 기왕 이별할바엔 아름다운 이별이라야 멋있습니다. 아름답게 이별해야 다시 아름답게 만납니다.

셋째는 집착하지 않을 순 없지만 또한 놓아 주어야 합니다. 보살피고 관심을 기울이며 보고파 하는 것도 사랑이지만 놓아 주는 것 또한 사랑입니다. 마음을 잘 기울여 사랑하는 사람에게 베풀면 기쁘지요. 그런 사랑의 마음과 표현을 서로 주고받으면서 함께하는 아름다움을 느끼기 마련입니다. 더 나아가 **진정한 사랑은 아낌없이 베풀고 난 후 아무런 기대나 대가도 바라지 않는 것**입니다. 아니 **사랑하는 그 자체에만 머물 뿐 거기에 마음을 두지 않고 자유롭게 풀어두는 것**이지요. 내가 이만큼 주었는데 너는 왜 나한테 정성이 없느니 관심이 없느니 하면 갈등이 이는 법입니다.

베풀고 놓았을 때 그 순수성이 더 빛나고 아름다운 법이지요. 집착하지 않고 놓아 준다는 것이 말처럼 행동으로 옮기기에는 너무 어렵습니다. 그래서 마음을 다스리는 공부를 해야 합니다. **마음 다스리는 공부**를 불교에서는 수행이라 합니다. 명상도 그 범주에 들어가지요. 마음을 다스려 그 사람의 생명을 사랑하면 집착으로 인한 마음의 갈등은 줄어들 것입니다.

우리는 이러한 사랑을 해야 합니다. 부처님도 그렇게 살아가라고 말씀했습니다. 이렇게 사랑해서 손해 볼 일은 결코 없을 것입니다. 그것이 진정 **후회 없는 사랑**이요 **아름다운 사랑**이지요.

군 복무 기간이 아깝습니다. 제 인생을 낭비하는 것
같아 제 청춘이 억울합니다. 그 생각에 마음이 답답
합니다. 도와주세요.

흔히 군 복무 시절을 인생을 썩히는 기간이라고 생각합니다. 그래서 될 수 있으면 군에 가는 것을 기피하려고 하지요. 저도 대학원을 마치고 피치 못할 사정으로 늦은 나이에 이등병 계급장을 달고 자대 배치를 받았습니다. 정말 늙은 이등병이었습니다.

그때 제대하는 말년 병장이 그렇게 부러울 수 없었습니다. 정말 한창 일하고 공부할 나이에, 한껏 자신의 역량을 발휘할 나이에 군대에서 청춘을 썩힐 생각을 하니 그저 암담하고 억울했으며 슬펐습니다.

이런 생각은 저만이 느낀 것은 아닐 것입니다. 여러분 중에도 저와 같은 생각을 가진 사람이 적지 않을 것입니다. 그러나 이런 생각에 붙들려 있으면 병영 생활을 갑갑하고 짜증나게 보내게 됩니다. 적극적이지 않고 피동적으로 움직이다 보니 쉽게 피곤함을 느끼고 재미 또한 못 느끼지요. 정말 이런 마음을 가지고 생활하면 그 시간은 인생을 썩히는 기간이 되고 맙니다.

그러나 한 번 지난 인생길은 다시 돌아갈 수 없습니다. 그리고 인생살이에 헛된 기간이란 없지요. 인생길은 싫든 좋

든, 괴롭든 행복하든, 힘들든 편안하든 나름대로의 가치를
지니고 있습니다. 모두 나름대로의 공부거리며 삶의 중요
한 계기가 되기도 하는 것이지요.

　정말 인생은 짧습니다. 아무리 100년을 넘게 장수한다
하더라도 어쩌면 그것도 순식간일 수 있지요. 영겁의 시간
에 비해 우리 인생살이는 찰나일 수 있습니다. 군 장병 여
러분들도 벌써 유년 시절, 중고등학교, 혹은 대학 시절을
보내고 군대에 들어섰으니까요. 따라서 인생을 무의미하
게 보내선 안 됩니다.

　어떤 상황에서든 주어진 시간을 소중하게 생각하고 적
극적이면서 주체적으로 살아나간다면 그만큼 멋있는 인생
은 없을 것입니다.

　중국의 임제선사는 '수처작주 입처개진隨處作主 立處皆眞'이
라는 말을 했습니다. "머무는 그 자리에서 주인이 되면 서
있는 그 자리가 진리가 머무는 곳이다"라는 의미이지요.
어떤 곳이든 내가 내 마음의 심지를 굳건히 세우고 주체적
으로 살아가게 되면 바로 거기에서 진리가 고동치고 생명
의 꽃을 피우기 마련입니다.

내가 타인의 기분이나 외부의 조건에 따라 좌지우지되는 것이 아니라, 나 자신이 우뚝 서서 환경을 이용하고 그것을 부리게 되면 내 삶이 유쾌하고 밝아지는 것은 물론이요, 인생 또한 풍족해집니다. 나를 잘 다스리면, 그래서 **내가 참 주인이 되면 진리가 나를 따르고, 세상이 나를 따른다**고 했지요.

끌려가는 삶이 있고 이끌어가는 삶이 있습니다. 대다수 사람들의 살아가는 모습을 보면 끌려가는 삶입니다. 주인에게 고삐를 잡힌 채 끌려가는 소처럼 그렇게 끌려갑니다. 그렇게 끌려다니다 보니 삶이 힘들고 재미없지요. 웬일인지 모르게 허전하고 이게 아닌데 후회하며 답답해합니다.

거기에는 우유부단한 성격도 크게 작용합니다. 상대방의 마음에 상처를 줄까봐 딱 잘라 말도 못하고 끌려가는 것이지요. 그리고 자신에게 닥친 상황을 명확히 인식하지 못해 다른 사람을 따라갈 수밖에 없는 경우도 있습니다. 나아가 힘의 논리에 의해 강제적으로 끌려가기도 합니다. 아니다 싶을 때는 단호하게 "NO!" 해야 되는데 그것은 참 어려운 일이지요.

물론 "YES" 할 땐 지시에 따라 열정적으로 행동해야 합니다. 군인들은 상관의 명령에 '네. 알겠습니다' 하며 따라야 합니다. 그런데 그렇게 따르는 것이 억지로 마지못해 굴복하는 것이 아니라 기꺼이 '네' 하면서 따르면 그것은 내 의지가 반영되기 때문에 그것은 끌려가는 삶은 아닙니다. 그런데 군대에서 상관의 명령에 'NO' 할 수 있을까요? 영화에나 나올 성 법한 아주 특이한 경우를 제외하고 명령을 거부할 순 없습니다. 거부하면 영창감이지요. 그러나 명령이 아닌 정당하지 않은 지시는 따라야 할까요, 말아야 할까요? 신병시절 A라는 고참이 서 있으라고해 서 있는데, 다시 B라는 고참이 앉으라고 합니다. 앉았다간 A라는 고참에게서 '빠졌느니' 하면서 쌍소리가 나옵니다. 아, 도무지 누구를 따라야할지 모르겠습니다. 이러한 경우가 군대에서 종종 벌어질 것입니다. 어찌해야 할까요. 저는 그때그때 지시에 따라야 한다고 생각합니다. 그러나 노예처럼 일방적으로 끌려가지는 말아야 합니다.

우리는 어떻게 끌려가지 않는 삶을 살아갈 수 있을까요?

나 자신이 주체적인 마음으로 자주적인 삶을 살아갈 수 있을까요? 그 해결책은 마음의 힘을 길러 나 자신을 잘 운전하는 것입니다. **마음의 힘을 길러 내가 태산처럼 흔들림 없이 서 있다면** 아무리 **거센 바람이 불어온다 해도 그저 스치는 바람일 뿐**입니다.

만해 한용운스님은 3·1운동을 주도한 죄로 일제에 체포되어 서대문 감옥에 갇혔습니다. 그러나 만해스님은 감옥을 수행도량으로 삼아 고통을 견디어 내고 자신을 단련시켰지요. 옥중에서 일제에 항거하는 정신은 더욱 냉정하면서도 치열하게 타올랐습니다.

시인 고은 선생님도 오랜 수감 생활 동안 감옥에서 국어사전을 다 외웠다고 합니다. 단어를 외워서 그 종이를 꼭꼭 씹어 먹었다고 합니다. 그래서 고은 선생님은 언어의 마술사가 되었답니다.

유명한 김지하 시인도 수감 생활을 하면서 참선을 배우고 자신만의 시간을 갖고 마음을 다스리며 깊이 사색한 결과 오늘날 아름다운 상생의 문화를 이끌어나가고 있습니다.

이렇게 아무리 어려운 조건과 환경이라 할지라도 내가

주인이 되어 내 삶의 전환점으로 삼고 이용하면 그것은 오히려 내 삶을 살찌우는 자양분으로 작용합니다. 그리고 거기서 길러진 마음밭과 그 열매는 커다란 재산으로 쌓일 것이며 또한 하루하루 만족스러운 삶을 살 수 있을 것입니다.

아무리 좋은 환경이라도 마음을 놓고 방황하고 게을러지면 오히려 그것이 인생을 썩히는 계기로 작용하게 됩니다. 반면 아무리 열악한 조건이라도 마음이 여유롭고 안정되어 있으면 주체적으로 그것을 뛰어넘을 비책이 나오기 마련이지요. 그때 길이 보이면 마음을 기울여 최선을 다해 보십시오. 그러면 길이 열립니다. 아니, 자신이 걸어가는 그것이 길이 되기도 합니다. 그렇게 적극적인 마음가짐과 태도가 중요하지요.

때로는 당장 길이 열리지 않는 경우도 있습니다. 그러나 언젠가는 그 값진 땀의 결실을 거둘 날이 있습니다. 인생이란 것이 그렇습니다. 그러므로 **인생을 썩히는 기간이란 없는 것이지요.** 내가 주체적으로 하기 나름입니다.

"국방부 시계는 돌아간다."

제가 군 복무하던 시절 고참들로부터 이 말을 참 많이 들었습니다. 아무리 고달프고 더디 가는 병영 생활일지라도 시간은 간다는 것입니다. 언젠가는 제대할 날이 오니 그날까지 참고 기다리라는 뜻이겠지요.

생활이 재미있을수록 시간은 빨리 가고, 괴로울수록 시간은 더디게 흘러가는 법입니다. 객관적인 시간보다는 그렇게 주관적인 시간이 사실 실질적인 시간이지요. 군 생활이 영 재미없고 짜증나는 일만 많이 생기니 하루해가 길 수밖에 없고 세월이 정말 느리게 갑니다. 그만큼 하루하루가 힘들다는 얘기지요.

그러나 사실 그렇게 속절없이 시간을 보낼 일은 아닙니다. 하기 싫어서 억지로 끌려다니며 인생을 낭비하기에는 정말로 청춘이 아깝습니다. 그렇다면 어떻게 해야 할까요?

삶에 있어서 가장 중요하고 행복한 때는 언제일까요? 미래에 내가 바라던 대로 목적을 성취했을 때일까요? 맛있는 음식을 원없이 먹는 때일까요? 물론 그렇게 원하던 바를 성취했을 때 만족을 느끼므로 행복한 것은 분명합니다. 그렇지만 그러한 **행복도 영원하지 않습니다. 금방 사라지기 마련이지요.** 언젠가는 변하여 없어집니다.

　가장 **행복한 삶은 바로 지금 여기에 깨어 있는 것**입니다. 지금 현재 이 자리에서 내가 행하는 이 시간에 최선을 다하며 여유로운 마음으로 살아가는 것이지요. 잡념과 망상에 시달리며 머물러 있는 것이 아니라 그냥 그 순간에 살아 있음을 느끼는 것입니다.

　사람들은 보통 현재를 살지 못하고 이러저러한 망상 속에서 지냅니다. 밥을 먹을 때도 이 생각 저 생각으로 다른 나라에 가 있는 경우가 많습니다. 상급자에게 야단맞았던 생각, 오늘 나갈 훈련 생각, 휴가 날짜 생각 등 여러 가지 망상으로 머릿속이 가득 차서 밥 먹는 시간이 즐겁지 못합니다.

　걸어갈 때도 주변에 깨어 있으며 걸어가는 것이 아니라, 이러저러한 망상을 하면서 고민에 파묻혀 걸어가면 어떻습니까? 걸어가는 발걸음이 경쾌하지 못하고 무겁습니다. 하다못해 목욕탕에서 샤워를 하면서도, 세면장에서 양치질을 하면서도 이러저런 생각에 마음이 끌려 급하고 불안감을 느낍니다.

현재 내가 직면하고 있는 이곳에서 밥 먹고 작업하고 걸어가는 그 순간에 순수하게 깨어 있기만 하면 그 자체로서의 행복을 느끼기 마련이지요. 지나간 일에 마음을 두고 집착하지 말아야 합니다. 아직 전개되지 않은 미래의 일에 대해 걱정하며 근심할 필요가 없지요. 지금 이 순간, 내가 하고 있는 일에, 내가 움직이는 동작에 깨어 있다면 그 자체로서 족합니다. 그것이 현재를 살아가는 행복이지요. 그 자체로서 마음의 평정과 기쁨을 맛볼 수 있습니다.

불교에서는 다음과 같은 내용이 전합니다.

내 인생에서 가장 **행복한 날**은 언제인가?
바로 **오늘**이다.
내 삶에서 **절정의 날**은 언제인가?
바로 **오늘**이다.
내 생애에서 가장 **귀중한 날**은 언제인가?
바로 오늘 **'지금 여기'**이다.
어제는 지나간 오늘이요
내일은 다가오는 오늘이다.

현재를 충실하게 살아가야 합니다. 언젠가는 제대할 그 날을 기다리면서 현재를 대충대충 그럭저럭 살아가는 게 아니라 현재에 역력히 깨어 있어야 합니다. 밥 먹을 때는 밥 먹고, 행군할 때는 행군하며, 작업할 때는 작업을 합니다. 군화 끈을 맬 때는 군화 끈을 매는 것에 집중해 봅니다. 그리고 운동할 때는 신나게 운동을 합니다.

몸과 마음이 같이 가야 합니다. 몸은 군화 끈을 매고 있는데 마음은 벌써 밖으로 나간 경우가 많을 것입니다. 몸은 작업을 하는데 마음은 다른 데로 가서 놉니다. 그렇게 되면 모든 것이 어긋나고 불편하며 급해지지요. 엇박자가 나 심신이 조화롭지 못한 것은 물론 하는 일도 제대로 안 되며 만족을 느끼지 못합니다.

몸과 동시에 마음도 함께 현실에 깨어 있어야 합니다. 그렇게 깨어 있으면서 자신의 따스한 내면을 바라봅니다. 물론 힘든 일을 할 때 누구든 그 자리를 피하고 싶은 심정이지요. 그러나 힘들다고 해서, 하기 싫다고 해서 자꾸만 그것을 피하려는 마음이 생기면 더 하기 싫고 심신이 피곤해지는 법입니다.

따라서 기왕에 할 바에야 흔쾌한 마음으로 그 일에 다가서면서 깨어 있어 보십시오. 그렇다면 그런 고된 삶의 현장에서도 진한 땀방울의 가치를 맛볼 수 있습니다. 힘든 작업을 하면서 그 일에 몰두하며 작업삼매에 빠져보세요. 잡념은 사라지고 오묘한 즐거움을 느낄 수 있을 것입니다.

그러면 몸도 마음도 건강해지고 하루하루가 즐겁습니다. 아무리 힘든 병영 생활이라 할지라도 바로 그 자리에서 지극한 행복을 느낄 수 있을 것입니다.

현재 이 순간에 무슨 일을 하든, 어떤 사람을 만나든 그 순간에 깨어 있으면서 그 상황에 최선을 다하며 하나가 될 때 우리는 마음의 안정과 평화로움을 얻을 수 있으며, 그때 능률도 최상으로 오르는 법입니다. 그것이 진정한 행복이지요.

어느 하늘에 사는 신이 부처님이 수행하는 곳으로 찾아와 부처님 얼굴이 왜 그렇게 평온하고 밝게 빛나는지 물었습니다. 부처님은 대답했습니다.

"지나간 일을 근심하거나 걱정하지 않고, 앞으로 생기지도 않은 미래의 일에 마음을 쓰지 않으며 현재에 충실하여 깨어있었기 때문이니라."

'왜 하필 나만!'
생각 이겨내기

왜 나만 이렇게 생고생을 하는 것일까? 왜 나에게만 힘든 일이 걸렸나? 왜 나에게만 이러한 아픔이 오는 것일까? 무슨 운명의 장난으로 내가 이렇게 힘든 어려움에 처해 있는 것일까? 나는 참 운이 지지리도 없다. 아니 줄을 잘못 서서 보직을 잘못 받아 이런 힘든 일을 하고 있는 것 같다. 더군다나 돈 있고 빽 있는 놈들은 이리저리 징집에서 빠져 군대에 안 온다고 하는데, 나는 집안이 별 볼일 없어 이 고생을 한다. 아! 어서 빨리 여기를 빠져나가고 싶다.

이런 생각을 가진 장병들이 많이 있을 줄 압니다. 같은 사과라도 남의 사과가 더 커 보인다는 말이 있지요. 힘든 상황에서는 같은 일이라도 내가 더 어렵고 고생스러운 것처럼 느껴집니다. 남들은 마음 편히 지내고 그다지 고생하지 않는 것처럼 생각됩니다. 그럴 경우 내가 몸담고 있는 부대가 너무 삶을 지치게 하는 장소가 되고 말지요. 그래서 밖에서는 멀쩡하다가 부대만 들어오면 죽을 것만 같은 생각이 듭니다.

어쨌든 부대를 피하고 싶고 부대 사람들과도 마주하고 싶지 않습니다. 무조건 그곳으로부터 탈출하고 싶지요. 오죽하면 병이라도 걸려 의무대에 누워 있고 싶겠습니까. 그 심정 이해는 갑니다.

저도 그랬습니다. 휴가 갔다가 부대로 복귀하는 것이 그렇게 싫을 수가 없었지요. 꼭 지옥 소굴로 들어가는 기분이었습니다. 저는 동해 바닷가에서 군복무를 하였습니다. 휴가 갈 때 대관령을 넘는 순간 너무 행복했지만, 복귀할 때 다시 대관령을 넘는 순간 덜컥 두려웠던 기억이 납니다. 그렇게 부대에 가서 생활할 것을 생각하니 그 압박감이 저를 무겁게 짓누른 것이죠.

그러나 약간 정도의 차이가 있겠지만, 내가 느끼는 고통의 강도는 나 자신의 마음가짐에 많이 좌우됩니다. 유독 자신만이 힘들고 어렵다는 피해의식을 갖기 마련이지요. 모든 게 나에게만 불리하게 작용한다고 믿으며 환경을 탓합니다. 그래서 빨리 그곳을 벗어나고 싶어 하는 것이지요.

하지만 남들도 나와 똑같이 고생하고 있습니다. 오히려 더 어려운 환경 속에 있는 장병들이 의연하게 그 상황을 잘 극복하는 반면, 그보다 편한 곳에서 생활하는 장병들이 불평과 불만이 많다고 합니다. 사람들은 편하면 편할수록 더 편한 걸 찾는 법이지요. 뛰는 것보다 걷는 게 편하고, 걷는 것보다 앉는 게 편합니다. 앉다 보면 눕는 것이 편하고요. 그러다 보면 한없이 게을러지기 마련입니다.

저는 이사를 많이 다닌 편입니다. 처음 신혼 초기에는 반지하에서 살았습니다. 지금은 비교적 환경이 좋은 아파트에서 살고 있지만 조그마한 평수나, 환경이 좋지 않은 아파트에서도 살아봤지요. 그렇게 여러 번 이사를 다녔습니다. 그렇지만 매번 이사를 갈 때마다 그 주변 환경이 주는 매력에 빠져 들었습니다. 그곳의 풍광이며 사람들의 살아가는 모습이 보기 좋았지요. 그래서 다른 곳으로 이사갈 때는 그 정든 곳을 떠나야 하는 아쉬움에 젖어들곤 하였습니다. 어느 곳이건 나름대로 가치가 있고 정이 있습니다. 그것은 내가 얼마나 그 환경을 수용하고 사랑하느냐에 달려 있다고 봅니다.

조건과 환경이 싫어서 그곳으로부터 빠져 나가려고 발버둥치면 칠수록 마음만 급하고 일은 더 꼬이는 법이지요. 내 마음만 더 아프고 견딜 수 없어집니다. 결국 나 자신을 스스로 파괴하는 꼴이 되고 말지요. 설사 더 편한 환경으로 옮긴다 하더라도 내가 느끼는 만족감은 결코 나아지지 않을 것입니다. 어떤 조건에서도 불평불만이 가시지 않는다는 것이지요.

그러니 다른 방법은 없습니다. 그 상황을 깊이 이해하고 수용하는 것 외에 방책이 없지요. 다른 데로 갈 곳은 없습니다. 지금 여기서 있는 상황을 담담하게 받아들이고 거기서 행복과 즐거움을 찾아야 합니다. 조건과 환경은 내가 어떻게 바라보고 활용하느냐에 따라 나에게 플러스로 작용하기도 하고 마이너스로 작용하기도 합니다.

먼저 자신을 옥죄고 있는 마음의 감옥에서 벗어나야 합니다. 마음을 허공처럼 텅 비워 보세요. 불교에서 마음은 허공과 같다고 했습니다. 그 허공은 무엇이든 받아들이고 감싸 안습니다. 한계가 없고 마냥 푸르지요. 그렇게 마음을 크게 확장해 보세요. 좌선한 상태에서 내 마음이 허공처럼 커지고 있다고 명상해 보세요. 마음이 커지면 여유롭습니다.

그렇게 마음을 여유롭게 먹은 상태에서 주어진 상황을 자신에게 즐겁고 유리한 방향으로 이끌어 보세요. 그 상황을 즐기고 재미를 느껴 보세요. 그렇게 내 마음이 긍정적으로 넓게 변하면 모든 것이 좋게 흘러가기 마련입니다. 마음도 부드러워지고 사는 재미도 쏠쏠할 것이지요.

상관이 질책과 핀잔을 주면 너무 괴롭습니다. 자존심이 상하고 심한 자괴감까지 몰려옵니다. 이럴 땐 어떻게 해야 할까요?

상관으로부터 꾸지람과 질책을 받으면 그렇게 괴로울 수가 없습니다. 자존심 상하는 애기를 듣는 순간 심한 자괴감이 올라오지요. 그동안 귀하게 자라온 내가, 싫은 소리 안 듣고 제법 잘 살아오던 자신이 왜 이것밖에 안 되나 하는 생각이 마음을 옥죄고 들어옵니다. 그러면서 심한 자기 모멸감에 빠지는 것이지요.

군대에서는 빠르고 절도 있게 행동해야 되는데 눈치가 빠르지 못하고 느린 사람은 핀잔과 질책을 받기 일쑤입니다. 소위 '고문관'이라고 하는 문제 사병으로 찍히기까지 하지요. 사실 자유롭고 편하게 살다가 딱딱하고 제도화된 틀에 몸이 잘 적응하지 못한 탓인데 심한 질책까지 받는 것은 영 꺼림칙하고 불편합니다. 인생이 정말 처량해지지요.

상관이 질책과 핀잔을 주는 것은 군대라는 특수한 사회에서 굳센 장병으로 키우기 위한 훈련일 수도 있습니다. 동물의 세계를 보면 힘 있는 놈만 살아남습니다. 어미는 힘없는 새끼에겐 먹이도 안 주지요. 참으로 비정합니다. 그렇게 정글의 법칙이 적용되는 곳이 군대일지도 모릅니다.

그러나 질책과 꾸지람을 들었다고 해서 내가 거기에 상

처를 받아 좌절하고 절망해서는 안 될 일입니다. 자신이 인정받지 못하고 있다는 생각에 빠져 있노라면 사람들은 자기를 마구 학대합니다. 그 마음의 상처가 시시때때로 올라와 자신을 못살게 굽니다. 그 결과 심한 자격지심에 빠져 나오지 못하고 원한과 분노, 슬픔만 키워갑니다.

사람들은 누구나 실수를 합니다. 누구나 아픔을 겪습니다. 실수를 저지르지 않고 사는 완벽한 인간은 이 세상에 없습니다. 그래서 부처님께서는 **누구나 첫 번째 화살을 맞는다**고 했습니다. 첫 번째 화살이란 누구나 살아가면서 접하는 고통과 슬픔, 그리고 죽음과 이별 등입니다. 아무리 부처님이라고 하더라도 늙고 병드는 고통을 피할 수는 없었습니다.

부처님도 아끼는 제자가 먼저 세상을 떠났을 때는 허전한 마음이 자리 잡기도 했지요. 그러나 **중요한 것은 그렇게 벌어지는 현상에 내가 이끌려 따라가느냐 그렇지 않느냐 하는 것**입니다. 그런 고통에 집착하여 스스로 괴롭힐 것인가요? 아니면 빨리 거기에서 벗어날 것인가요?

대부분 사람들은 거기에 집착하여 두 번째 세 번째 화살을 쏘아댑니다. 실수를 저질러 핀잔을 듣고 계속 거기에 매달려 있다면 내 앞에는 어두움만 있을 뿐입니다. 계속 두 번 세 번 연거푸 화살을 쏘아대 자신의 상처만 깊게 할 것인가요? 그러면 희망이 없습니다.

그래서 첫 번째 화살을 맞았을 때, 상관으로부터 심한 꾸지람을 받았을 때는 자신을 잘 다스려 마음을 바꾸어야 합니다. 그때 억울한 생각을 멈추고 마음을 다른 쪽으로 돌려주어야 하지요. 그렇게 회심하기 위해서는 먼저 자신을 설득해야 합니다. 마음이 설득되지 않으면 계속 상처받은 생각이 올라와 자신을 학대하기 때문입니다.

자, 지금부터 마음과 대화하는 시간을 갖겠습니다.

'나에게 상처를 준 그 생각에 사로잡혀 있는 한, 내 마음만 괴롭다. 내 마음이 괴로우니 매사가 즐겁지 못하고 불안하다. 그럴수록 몸과 마음이 피곤해진다. 그러니 그러한 생각으로부터 빨리 벗어나자. 그 생각만 벗어나면 나는 현

재 이 순간에 행복할 수 있다.'

이렇게 마음을 다독이며 설득해 보세요.

나는 순간적으로 실수를 했을 뿐입니다. 그것은 영원한 것이 아니지요. 잠시 조건이 잘못되어 그렇게 흘러갔을 뿐입니다. 본래 나 자신에게는 부처님 마음이 살아 숨쉰다고 했습니다. 부처님께서는 사람들은 본래 부처라고 말씀했습니다. 다만 착각과 망상 때문에 스스로 지니고 있는 부처님의 모습을 못보고 있을 뿐이라고 했지요.

나의 본래 마음은 **드넓은 허공**과 같습니다. 내 마음은 깊은 바다와 같습니다. 그것은 생겨나거나 없어지지도 않지요. 상처를 입거나 때가 끼지 않습니다. 어린아이의 마음처럼 청빈하고 순수합니다. 그러면서 그곳에서는 항상 신선한 바람이 불어오며 새가 울고 꽃이 핍니다. 그렇게 항상 생명이 고동치고 있습니다.

다만 내가 생각으로 상처를 줍니다. 생각으로 나와 너를 가르고, 이것저것을 비교하고 편견을 쌓고 경계를 나눈 탓으로 대립이 생기고 질투가 생겼으며 분노가 생겼을 따름

나의 본래 마음은 드넓은 허공과 같습니다.
내 마음은 깊은 바다와 같습니다.

입니다. 그로 인해 너와 나 사이에는 골이 깊어가고 미움만 커져갑니다.

조그마한 나에 눈멀어 이것저것 가르고 판단하는 생각으로부터 떠나 보세요. 그런 좁은 생각을 즉시즉시 날려 버리는 겁니다. 허공으로 그런 생각의 파편들을 훅 불어 날려 버리세요. 그렇게 생각을 비운즉 나는 본래 부처의 모습으로 돌아갑니다. 나는 그 순간 부처님의 생명과 접합니다. 내 안에 무한한 능력이 있습니다. 나는 본래 부처입니다.

백수의 왕인 사자는 때가 되면 그의 굴에서 나온다. 그는 기지개를 편다. 그리고 사방을 샅샅이 둘러본다. 그런 다음 세 번 포효를 하고 나서 먹이를 찾아 당당하게 출발한다.
《증지부경전》

그렇습니다. 우리는 사자처럼 언덕에 올라 평원을 묵연히 바라보고 당당하게 걸어가야 합니다. 그런데 이런 사자가 왜 죽는지 아시는지요? 바로 자기 몸에 생긴 기생충 때문에 죽는다고 했습니다.

마찬가지입니다. **내 마음에 상처가 쌓인다는 것은 내 몸에 기생충이 생기는 것과 같습니다. 내 자신 속에는 부처와 같은 한계가 없는 밝은 생명이 출렁거리고 있다는 것을 믿고 밖에서 들려오는 소음과 시비에 흔들리지 말아야 합니다.**

끝으로 당부할 말이 있습니다. 군대도 사람이 사는 곳입니다. 아무리 정글과 같은 군대 사회라 하더라도 인간이 사는 곳인 이상 인격에 손상을 주는 발언을 삼가는 것이 좋습니다. 칭찬과 배려, 그리고 힘을 주는 말을 적절히 구사할 줄 아는 멋도 있었으면 좋겠습니다.

상관으로부터의 질책과 인격적 모독을 극복하는 방법

말 한마디에 천 냥 빚을 갚고 말 한마디 잘못하여 상대방 가슴에 비수를 들이댈 수 있습니다. 그래서 불가에서는 예로부터 입을 양날의 칼 또는 도끼라고 했지요. 말은 좋게 활용하면 한없이 유익한데, 나쁘게 활용하면 사람의 마음에 커다란 상처를 주기 때문입니다. 그 커다란 상처는 영혼을 멍들게 합니다.

군대에서 상급자나 동료들로부터 들려오는 인격 모독적인 말, 자존심을 심하게 건드리는 폭언, 사람 이하에게나 던지는 욕설 등은 영혼을 황폐화시킵니다. "대학까지 나와

서 그것도 못하느냐!", "지금까지 헛살았느냐!", "인생이 불쌍하다!", "너를 만나 재수 없다!", "너를 낳아준 부모님이 불쌍하다!" 등의 자존심 상하는 말, "뚱보야, 살이 터져 나오겠다" 등의 신체를 비하하는 말, 거기에 폭언과 악담까지 들으면 정말 슬퍼집니다. 이러한 말들은 상대방의 마음에 큰 상처를 주어 시름시름 앓게 하며 원한을 품게 만들지요. 그래서 부처님은 입을 지키라고 했습니다. 그 입에서 나온 말은 무서운 불길처럼 자신도 태우고 남도 태운다고 했습니다.

그런데 이런 말들을 군대 상급자들은 하급자들에게 거침없이 합니다. 그것이 상대방에게 어떤 상처를 줄 것인지도 모르고 마구 지껄이지요. 사실 구타보다, 어떤 가해보다 사람을 크게 멍들게 하는 것이 입에서 나오는 끔찍한 말입니다. 그래서 입을 일컬어 칼이니 도끼니 했던 것이지요. 자칫하면 그것이 사람을 죽음으로 몰고 갈 수도 있기 때문입니다. 따라서 언어생활에 각별히 신경 써야겠습니다. 군기를 잡는다 해도 위엄이 따를 때 하급자가 복종하는 법입니다. 벌줄 땐 엄하게 다스려야겠지만, 신상모독적인 발언을 삼가야 하지요.

불교에서는 바른말을 쓸 것을 무엇보다 강조합니다. 불교에서 경계하는 네 가지 나쁜 유형의 말은 다음과 같습니다.

망어妄語: 정직하지 않는 말이요 거짓말입니다. 남을 속이고 나를 속이는 말이지요.

악구惡口: 악담이나 폭언을 일컫습니다.

양설兩舌: 이간질하는 말입니다. 당사자가 보는 앞에서는 칭찬하고 뒤돌아서거나 다른 사람에겐 그 사람을 비방하는 말이 여기에 속하지요. 흔히 말해서 뒤통수를 친다는 표현입니다. 이러한 말들은 두 사람의 관계를 뒤틀리게 만들지요. 말은 천리를 간다고 했습니다. 언젠가는 그 말이 그 사람에게 들려오기 마련이지요.

기어綺語: 아첨하는 말, 꾸밈말 하는 것, 아부하는 말입니다. 이상한 말로 남을 현혹하여 사기를 치거나 아양을 떠는 것입니다. 사람들을 혹세무민하는 것도 기어綺語이지요.

이러한 말들은 서로의 관계에 좋지 않은 영향을 주면서 상대방을 구렁텅이로 빠뜨려 버립니다. 그리고 그 말들은 **결국 자기에게 돌아와 자기의 발등을 찍게 되지요.** 이와 관련하여 부처님은 다음과 같이 말씀하십니다.

세상 사람들은 살아가는 동안에 갖가지 악담을 하기 때문에 **혓바닥에 저절로 도끼가 생긴다.** 스스로 악한 말을 함으로써 그 말은 도끼가 되어 도리어 자신을 해치게 된다.

《기세인본경》

그렇다면 거짓이 아닌 진실한 말, 아부하는 말이 아닌 곧은 말, 이간질하는 말이 아닌 화합하는 말, 악담이나 폭언이 아닌 사랑스럽고 부드러운 말, 죽이는 말 대신 살리는 말을 써야 하겠지요. 그러한 언어습관은 병영 생활을 건강하고 평화롭게 만드는 중요한 요인으로 작용합니다. 다음의 부처님 말씀을 새겨볼 일입니다.

약 중에서 제일 으뜸인 약이 '말'이라고 했습니다. 살리는 말, 칭찬하는 말은 그 정도로 좋은 것입니다. 고참병들도 자신이 졸병 시절에 당했던 아픈 기억을 떠올리며 그런 말을 쓰지 않도록 자신을 뒤돌아보며 노력해야 합니다.

그럼에도 불구하고 무심코 또는 화가 나서 상처를 주는 말들이 툭툭 튀어나오지요. 그런 말을 듣는 사람은 자존심이 상해 마음이 힘들게 됩니다. 그 말들이 계속 그 사람의 마음속에 맴돌아 마음을 괴롭히지요. 자존심을 건드렸으니 오죽하겠습니까?

근본적으로 그런 악담을 하지 말아야 하지만, 그런 말을 들었을 때 나 자신이 상처받지 않도록 하는 것 또한 중요합니다. 그런 악담에 나 자신이 지배 받지 않아야 한다는 것이지요. 그런 말들에 자신이 붙들려 있지 않도록 적절한 기회를 통해 해소하거나 허공에 먼지처럼 날려 보내야 합니다.

　자 한번 생각해 보십시오. 내가 그 생각에 붙들려 있는 한, 올바로 현실에 깨어 있을 수 없습니다. 그 생각에 치어 앞을 잘 못 보고 마음이 딴 데로 새는 것은 물론이지요. 더 심각한 것은 내가 서서히 근심 걱정에 싸여 병들어 간다는 것입니다. 그러니 빨리 생각을 돌려 먹어야 합니다. 그 하나의 방법이 나를 무아로 돌리는 것이지요.

　'내가 본래 없는데 상처 받을 내가 어디 있는가? 내가 본래 허공과 같은데, 그런 말은 허공 속에 날아다니는 한 줌의 먼지에 불과하다.' 이렇게 생각하면서 물처럼 흘려보내는 것입니다. 또 다른 방법은 **그런 생각들을 마음의 용광로에 녹여 버리는 것**이지요. 우리 마음의 용광로에 그 말들을 쏟아부어 모두 소진시켜 보세요. 그렇게 나쁜 감정, 기분 나쁜 소리를 해소해 보세요.

Q.05

매일 충분히 잠을 자는 것 같은데도 일어나기 힘듭니다. 또 낮에는 계속 졸립니다. 이상하지요. 왜 그럴까요?

실컷 자고 싶었습니다. 정말 원없이 자고 싶었습니다. 제가 군대에 있을 때 그랬지요. 아침 단잠을 깨우는 기상 나팔 소리가 왜 그렇게 듣기 싫고 짜증이 났던지, 그 기억이 납니다. 정말 일어나고 싶지 않았습니다. 반면 휴일날 한 시간 더 자는 것이 참으로 흡족하고 기분 좋았습니다.

왜 이렇게 군대라는 울타리 안에 있으면 잠이 부족할까요? 충분히 잠을 자지 못해서 그럴까요? 그럴 만도 할 것입니다. 잠을 잘 자다가 중간에 일어나서 보초를 서야 하니 충분한 수면을 못 취해 그렇기도 하지요. 그러나 보초를 서지 않고 충분히 잠을 자 두어도 일어나기 싫고 그래도 잠이 부족하다고 느끼는 것은 왜 그럴까요?

거기에는 여러 가지 원인이 있을 것입니다. 혈기왕성하게 움직이다 보니 피로감이 더할 수도 있겠지요. 피곤하니 일어나기 싫은 것입니다. 또한 아침이 왠지 모르게 두렵게 느껴지는 졸병들의 불안한 마음도 크게 작용할 듯합니다. 날이 새면 또 어떤 일이 벌어질까 하는 막연한 불안감이 일어나고 싶지 않은 마음으로 쌓이는 것이지요.

그러나 가장 큰 이유는 자발성이 결여되어 있기 때문입

니다. 일어나기 싫은데 억지로 일어나야 하는 마음이 크게 작용하니 거부감이 생겨 피곤하고 뭔가 부족한 것이지요. 기꺼운 마음으로 움직이면 마음이 밝아지고 가벼워집니다. 기운도 솟지요. 그렇다면 그다지 잠이 부족하다고 느끼지 않을 것입니다. 그러나 마지 못해 억지로 일어나야 하니 죽을 맛이지요. 정말 짜증이 납니다. 하지만 그렇게 짜증을 내면 낼수록 피로감만 더해 갈뿐입니다. 육체는 한여름 물먹은 솜처럼 축축하고 무거워지지요.

우리 육체는 편한 것을 좋아하고 탐착합니다. 간편하고 편리하고 쾌적한 것을 찾습니다. 그렇게 오랜 세월을 거쳐 길들여져 있기 때문입니다. 걸으면 앉고 싶고, 앉으면 눕고 싶으며, 누우면 자고 싶은 게 육체의 욕망입니다. 그러나 그렇게 육체가 하자는 대로 하면 한없이 게을러져 정신은 몽롱해지고 나태한 인간이 되고 맙니다. 그렇다고 해서 잠이 부족하지 않다고 느낄까요? 전혀 그렇지 않습니다.

따라서 일단 몸에 재갈을 물려야 합니다. 2년여의 기간 동안 나의 몸과 마음을 단련하는 기간이라고 적극적으로 생각해 보세요. 군 생활의 여러 가지 어려움 속에서도 나 자신을 컨트롤할 수 있는 기회로 삼아보자는 것입니다. 어떤 사람들은 자신을 단련하고자 일부러 그런 길을 선택해서 자발적으로 움직이기도 합니다.

스님들은 편한 길을 버리고 일부러 어려운 길을 택합니다. 스님들은 저녁 10시에 취침에 들고 새벽 3시에 기상합니다. 군 장병들이 10시에 취침하여 6시에 일어나는 것과 비교해 보세요. 물론 스님들은 한밤중에 일어나 보초를 서지는 않습니다. 그렇지만 하루에 5시간의 수면이면 충분합니다.

선방에서는 일주일 동안 자지도 않고 참선 수행을 합니다. 어떤 스님들은 그런 생활을 한 달 동안 하지요. 장좌불와 長坐不臥라고 하여 앉아만 있고 눕지 않는 수행도 있습니다. 잠도 앉아서 자지요. 그런 수행을 3년 혹은 일평생 하시는 분도 있습니다. 스님들뿐만 아니라 명상하고 몸과 마음을 닦는 일반 수행자들도 그런 길을 갑니다.

왜 그렇게 하는 줄 아세요? 육체를 잘 다스리기 위해서입니다. 욕망으로 이끌리는 이 몸을 잘 제어해서 길들이고자 하는 것이지요. 그렇게 하려면 마음의 각오가 단단해야 합니다. 육체를 되도록 내 마음대로 움직일 수 있게끔 해야 합니다. 따라서 기왕에 일찍 일어날 것이라면 더 적극적으로, 자발적으로 해 보십시오. 억지로 일어난다고 생각하면 마음만 괴롭고 피곤합니다.

생각을 바꾸어 내 몸과 마음을 단련하는 기회로 삼는다면 어떨까요? 일찍 일어나 하루를 힘차게 시작해 보자고 마음먹고 행동으로 옮기는 것입니다. 미국의 저명한 심리학자 윌리엄 제임스는 이런 말을 했습니다.

"생각이 바뀌면 행동이 바뀌고 행동이 바뀌면 습관이 바뀌며, 습관이 바뀌면 인격이 바뀌고 인격이 바뀌면 운명이 바뀐다."

생각이 습관을 바꾸고 습관이 인생을 바꾸는 법이지요. **좋은 습관은 자신의 말과 행동, 마음까지 길들입니다.** 지속적으로 운동을 하면 육체에 강건한 근육이 생기는 것처럼 **지속적인 마음 수련 역시 마음의 근육을 단단하게 만듭니다.** 특히 마음의 근육이 튼튼해지면 유혹에도 흔들리지 않으며 몸도 건강해지고 얼굴에 윤기가 흐릅니다. 얼굴은 마음의 창이라는 말이 있지요.

자기 얼굴은 자기가 만들며 40대 이후 자기 얼굴은 자기가 책임져야 한다고 합니다. 그렇게 좋은 습관에 의해서 인생이 변하고 인격이 형성되는 것입니다.

정해진 운명이 있다고 보는가요? **대답은 'NO'입니다.** 물론 자신이 과거에 지은 행위의 그림자가 남아 있어 내 운명의 고삐를 흔들고 있기는 합니다. 그러나 **내가 현재, 지금 이 자리에서 어떻게 행하느냐, 어떤 습관을 들이냐에 따라서 운명이 달라집니다. 인생이 변하고 삶이 변합니다.** 불교에서 말하는 업業의 논리는 그렇습니다. 업이란 행위요 습관이지요. 그렇게 좋은 습관이 인격을 변화시킵니다. 자, 다시 한 번 반복해 봅니다.

생각을 바꾸고 습관을 바꾸면 인생이 변한다!

졸병 시절에는 밥풀 한 알도 남기지 않고 먹을 정도로 짬밥이 맛있었습니다. 그런데 시간이 흐르자 맛있었던 짬밥도 쳐다보기 싫을 정도로 맛이 없어졌습니다. 머릿속엔 치킨과 짜장면이 춤을 춥니다. 어찌하면 좋을까요?

휴가나 외출 외박을 나가면 제일 먹고 싶은 게 짜장면과 치킨이었습니다. 초코파이도 참 맛나게 먹었지요. 사실 저는 과자와 빵을 별로 좋아하는 편이 아니지만 졸병 시절 정말 부끄럽게도 PX에서 다이제스티브를 사서 호주머니에 넣고 남몰래 우물우물 먹기도 했습니다. 참호를 파면서도 그걸 먹었지요. 남몰래 불결한 화장실에서도 빵을 먹었던 기억도 있습니다.

아, 그리고 밤에 외곽 근무를 서고 나서 먹었던 라면은 지금도 잊을 수 없습니다. 벽난로 위에 반합을 올려 라면을 끓여 먹던 맛은 정말 일품이었습니다. 여하튼 그 라면 맛은 지금도 어떤 산해진미와도 비교할 수 없는 기막힌 맛으로 머리에 남아 있습니다. 심지어 졸병 시절엔 고참들이 남겨 놓은 라면 국물도 맛있게 마시기까지 했습니다. 요즘은 봉지라면이 군대에서 인기가 많다고 하더군요. 저는 봉지라면은 먹어보지 못했지만, 야외에서 훈련할 때 먹으면 참으로 맛있을 거라는 생각이 듭니다.

훈련병 시절엔 활동량이 왕성하고 많이 움직이다 보니 무척 배고파 아무리 맛없는 짬밥도 마파람에 게눈 감추듯 먹어치웁니다. 그런데 그렇게 먹던 짬밥도 졸병 시절이 지나자 맛이 없어졌습니다. 맛없는 두부국과 콩나물국, 짜디짠 김치 등등 정말 입맛에 맞지 않습니다. 그러니 몰래 끓여먹는 라면이 맛있고, 휴가 나가면 제일 먹고 싶은 것이 짜장면과 치킨이 아니었을까요?

그런데 말입니다. 왜 군대에서 먹는 밥은 그렇게 맛있지 않을까요? 장교들이 먹는 흰쌀밥과 반찬은 왜 그렇게 맛있게 보였을까요? 사실 짬밥은 맛이 없긴 합니다. 밥을 대량으로 기계에 넣고 찌다 보니 그것이 어머니가 해 주신 흰쌀밥만 하겠습니까? 그런 흰쌀밥을 사제밥이라고 하지요. 어머니가 개인적으로 해 줘서 그럴까요? 군대가 아닌 사회에서 만든 밥이라 그럴까요? 아무튼 짬밥이 아닌 사제밥 먹는 기분은 사실 최곱니다. 정말 꿀맛이지요.

요즘 사람들은 입맛에 길들여져 너무 자신의 입에 맞는 것만 찾으려 합니다. 기업과 대중 언론매체에서는 그런 맛난 음식문화를 조장하지요. 한국인들은 고기를 참 좋아합니다. 그런데 광우병이 왜 생겼는가요? 인간을 위한 맛있는 고기를 대량생산하려는 욕망 때문이지요. 육질이 좋은

소를 많이 키우기 위해 양의 내장을 소에게 먹였습니다. 그것이 풀만 먹는 소에게 광우병을 일으키고 그 소고기를 먹은 사람은 뇌에 구멍이 나 사망하게 됩니다.

그렇게 인간의 끝없는 욕망의 결과, 그것이 역으로 인간에게 커다란 해악과 재앙으로 닥쳐온 것입니다. 나만 배부르면 된다는 것이 결국 나 자신을 파멸로 이끈 것이지요. 그렇다면 병영 생활 동안 입맛을 따라가는 탐욕을 다스리는 좋은 기회로 삼아보면 어떨까요? 때로는 먹기 싫은 음식도 먹어보고, 거기에 대해 좋고 싫고를 떠나 있는 그대로의 맛을 느끼면서 식생활을 하는 것도 또 하나의 좋은 마음공부라고 여겨집니다.

그리고 자신이 먹은 식기를 스스로 닦는 것도 참 좋은 습관입니다. 예전엔 고참들의 식기를 졸병들이 모아서 닦았습니다. 지금은 안 그럴지 모르겠습니다. 절에서도 자신이 사용한 그릇은 자신이 닦지요. 가정에서도 자신이 먹은 그릇은 자신이 닦는 게 좋습니다. 그렇게 식기를 닦으면서 자신의 마음도 닦는 계기로 삼아 보세요. 식기를 닦으면서 번뇌망상을 비워내고 식기를 닦으며 가까운 사람의 슬픈 마음도 닦는다고 느껴보세요. 그러면 식기 닦는 시간도 즐겁습니다.

절 음식엔 고기가 없습니다. 자극적인 재료도 쓰지 않지요. 그런 의미에서 군대 음식이 절 음식보다 나을 성싶습니다. 그러니 수행자의 생활을 한다는 기분으로 밥을 먹어보세요. **한 알의 쌀에도 숱한 인연이 깃들어 나에게 왔습니다. 거기에는 햇빛과 물, 농부의 땀방울, 정미소, 유통하는 과정 등등 많은 인연들이 더해져 나에게 온 것입니다. 참 소중한 음식이지요.**

지구상엔 아직도 기아에 허덕이는 사람들이 많습니다. 가까운 북한에도 굶어죽는 아이가 적지 않다고 하지 않던가요?

그러므로 비록 맛없어 보이는 음식일지라도 감사하게 먹어야 합니다. 형식적으로 감사하는 것이 아니라 음식을 먹을 수 있다는 사실에 정말 감사할 일이지요. 그렇게 먹는 것을 통해 자신을 다스려 보고 길들여 보는 시간을 갖는 것도 군대 생활이 나에게 주는 좋은 기회라고 생각합니다.

물론 나 자신도 맛있는 음식을 먹고 싶습니다. 그 맛난 음식의 유혹을 거부하기란 힘들지요. 그리고 휴가나 외출 시 평소 먹고 싶던 맛있는 음식을 먹는 것도 일종의 즐거움입니다. 그러나 음식 맛을 즐기는 것과 탐착하는 것은 다르지요. 음식을 즐기는 것 가지고 뭐라고 할 수는 없습니다.

대신 병영 생활을 하면서 음식을 대할 때 적어도 밥이나 반찬에 대해서 싫다 좋다하는 판단을 버리고 있는 그대로 감사하면서 먹는 힘을 기른다면, 그 또한 값진 체험이며 정신적으로 인생을 풍요롭게 할 것입니다.

Tip

스트레스로 혈압이 올라
뒷목을 부여잡게 될 때의
응급 해소법

장병들이 군 생활을 하다 보면 짜증나는 일이 많을 것입니다. 짜증내는 것은 아랫사람이나 당하는 쪽에서 많이 일어나기 마련이지요. 화를 낼 수 없는 상황에서 마음에 내키지 않는 기분이 올라오는 심리가 짜증이며 화내기 직전의 상황이 짜증입니다. 여하튼 짜증이 나면 마음이 급해지고 몸이 뒤틀립니다.

사람들은 하고자 하는 일이 자신의 의도대로 전개되지 않거나 자신의 기분에 맞지 않을 경우 짜증을 내고 신경질을 냅니다. 몸과 마음이 지쳐 있는데 어떤 일을 시키면 엄

청 짜증나지요. 상대방과의 대화가 동문서답으로 흐르는 것도 짜증이고요. 쉬고 싶은데 옆 사람이 말 시키는 것도 그렇게 짜증스러울 수가 없습니다. 내가 자발적으로 어떤 일을 하려고 하는데 옆에서 그것을 하라고 시키면 그것도 왕짜증입니다.

저 같은 경우 친구나 상대방이 약속 시간에 제대로 나와 주지 않고 연락도 없을 때 너무 짜증스러웠던 기억이 납니다. 장병들은 어떤가요? 보초 서라고 깨울 때 짜증나지요. 한참 쉬고 있는데 작업하라고 나오라는 것도 정말 짜증나는 일이고요. 고참병으로부터 잔소리 듣는 것도 짜증입니다. 시간은 다 갔는데 계속 무슨 소리인지 자꾸만 지껄여대는 교육시간 중 장교의 말도 정말 짜증스럽지요. 도대체 마음 내키지 않는 일을 하자니 짜증이 이만저만이 아닐 것입니다.

그렇다면 이러한 짜증을 어떻게 해소할 것인가요? 사회에서라면 오락프로그램을 보거나 음악을 들으며 기분 전환이라도 하겠지요. 영화 한 편이나 책을 읽는 것도 짜증을 해소하는 데 도움을 줍니다. 춤도 추고 친구와 만나 대화도 나누어 볼 수 있을 것이고요. 그렇게 다른 탈출구에 빠져들어 마음을 전환해 주어 스트레스를 풀 수도 있습니다.

그런데 군대에서는 짜증에서 벗어날 수 있는 탈출구가 별로 안 보인다는 것이 문제지요. 애꿎은 강아지를 발로 차자니 강아지도 없습니다. 예전 같으면 하급병들을 집합시켜 갈구면서 얼차려도 주었을 것이나 이제는 그렇게 하면 곤란하지요. 더구나 하급병들은 짜증날 때 정말 해소할 길이 없습니다. 우는 것도 눈치 보여 화장실 가서 혼자 펑펑 울 수밖에 없습니다. 저도 보초를 서면서 별을 보고 남몰래 울어 본 적이 적지 않습니다. 정말 서럽고 슬프지요. 그렇게라도 풀지 않으면 스트레스가 쌓여 몸과 마음을 무겁게 만듭니다.

그렇다면 장병들이 짜증날 때 스트레스를 잘 해소하는 방법은 없을까요? 용타스님은 이와 관련하여 '~구나', '~겠지', '감사'라는 마음 훈련을 강조합니다. 《마음 알기 나누기 다루기》, 용타스님, 대원정사. 1997. 32~35쪽 참조 예를 들어 내무반 바닥이 더러워 막 청소를 하려던 참인데, ○○ 상병이 "○○ 일병! 저것 좀 빨리 닦아!"라고 했을 때 짜증이 올라올 것입니다. 그럴 때 다음과 같이 해 보세요.

▼ ~구나

'아, ○○ 상병이 나에게 내무반을 청소하라고 하는구나' 하면서 그 상황을 바라보는 힘을 키웁니다. 나 자신의 올라오는 생각에 얽매이지 않고 있는 그대로 느끼며 알아차리는 것이지요. 마치 차창에 풍경 지나가는 것을 보듯 그렇게 무심하게 바라보세요. 그러면 절대로 감정이 동요하지 않으며 마음이 평온해집니다. 신경질이 올라오지 않는 것입니다. 이러한 '~구나'의 힘을 키우려면 수행을 생활화하는 것이 도움을 줍니다.

▼ ~겠지

'○○ 상병이 그 일을 다른 사람이 아닌 나에게 시킨 것은 때마침 그 광경이 그 사람의 눈에 띄었기 때문이며 그 일을 할 만한 사람이 나밖에 없어서 나에게 지시한 것이겠지?' 하면서 '~겠지'의 힘을 키웁니다. 또는 '내가 자발적으로 하려던 마음을 모르고 그렇게 시켰겠지?' 하면서

'~겠지'의 힘을 키울 수 있지요. 그렇게 객관적인 상황이나 상대방의 마음을 납득하고 이해하며 수용하는 바른 사유의 힘을 키웁니다. 그럴만한 사정이 있겠지 하면서 말입니다. 그렇게 이해하고 수용하지 않으면 억울한 마음이 들어서 마음을 무겁게 만듭니다.

▼ 감사

'다른 고참 같으면 버럭 화를 내면서 치우라고 했을 텐데 그래도 조용한 말로 시키니 얼마나 감사한 일인가?' 하면서 긍정적인 시각을 키웁니다. 세상에 감사거리는 많습니다. 최악의 경우라도 내가 살아 있는 것 자체는 감사해야 할 일이지 않은가요? 따라서 이 정도면 감사하다고 하면서 감사거리를 찾는 것입니다.

한편으로는 기분 나쁘고 다소 억울한 상황에서 감사의 마음을 갖는다는 것에 저항감이 들기도 할 것입니다. 나만 왜 그래야 하는지, 또는 억지 논리 같은 마음도 들 것입니다. 그러나 그렇게 하지 않으면 마음이 평화롭지 않습니다. 그리고 거듭거듭 그렇게 하다 보면 감사하는 마음이 자연스럽게 마음에 배기 마련이지요.

그렇게 **감사의 마음으로 긍정의 힘을 키우는 것**입니다. 세상은 부정적인 시각으로 보면 불평불만이 이만 저만이 아니지요. 그러나 긍정적인 시각을 넓히면 감사거리가 무수히 많습니다.

이렇게 신경질 나는 상황에 직면하여 '~구나', '~겠지', '감사'의 힘을 키워보세요. 실제로 군 생활에서 노력해 봅니다. 생각만 가지고는 안 됩니다. 아무리 맛있는 음식이라도 먹어보아야 맛을 알지요. 실천이 중요하다는 얘깁니다.

그리고 한두 번으로도 안 되지요. 계속 그렇게 해 보면서 마음의 근육을 키우는 것입니다. 이슬비에 옷 젖는다는 말이 있지요. 그러면 습관이 변하고 내가 변하고 인생이 변합니다. 내가 병영 생활에서 적극적이고 긍정적으로 변하면 삶이 활기차고 기쁘기 마련입니다.

보초 근무가 병영 생활 중 가장 고되고 싫습니다.
한참 달콤하게 자는데 일어나려면 너무 짜증이 납
니다. 게다가 보초 근무는 너무 지루하고 외롭습니
다. 도와주세요.

비바람이 몰아치는 한밤중에 우비를 걸쳐 입고 외곽초소로 보초 근무를 하러 나가거나 엄동설한에 두꺼운 내의와 설상화 등 겨울 파카를 몸에 잔뜩 껴입고 내무반^{생활관}을 나서는 발걸음이 왜 그렇게 힘들고 무거웠던가요. 아니 그보다도 단잠을 자다가 "근무 시간 되었습니다"하면서 깨우는 불침번 동료의 목소리는 참으로 원망스럽지요.

여하튼 자다가 보초 서려고 일어나는 그 순간이 좋을 리 없고 짜증납니다. 게다가 한 시간 정도면 그래도 봐 줄 만한데 어떤 때는 두 시간 정도 보초를 서노라면 참 지루하고 춥고 다리 아프고 견디기 힘들었던 기억이 있습니다. 고참들은 그 시간을 이용하여 보초임무를 부사수에게 맡겨 놓고 몰래 잠을 자기도 하지요. 철모를 이용하여 들키지 않게 담배도 피웁니다. 지루하니 그렇게 시간을 보내는 것이지요.

어떻게 하면 좋을까요? 어떻게 지루하고 졸립기도 한 그 시간을 감내하며 온전히 깨어 있을 것인가요? 보초를 서는 일은 경계 근무를 철저히 하는 것입니다. 조금이라도 딴청을 피우거나 졸면 안 될 일입니다. 그런데 긴장이라도 되면 바싹 정신을 차릴 텐데 그렇지도 않지요.

도대체 아무 일 없이 한 시간 동안 고정된 자세로 보초를 서는 것은 따분하기조차 합니다. 그래서 간혹 밤에는 별을 바라보며 상념에 젖기도 하지요. 집 생각이 나거나 어머니 얼굴이 떠오릅니다. 어린 시절부터 지나온 인생살이가 주마등처럼 지나갑니다. 도무지 온전히 맑은 정신으로 깨어 사주경계를 하는 것이 힘들다는 얘기지요.

그러나 방법은 있습니다. 맡은 바 임무에 충실하면서 자신의 몸과 마음에 깨어 있는 방법 말입니다. 보초를 서는 그 순간에 주변의 벌어지는 일에 깨어 있으면서 자신의 마음을 고요히 하는 것이지요. 있는 그대로 알아차리면서 망상에도 빠지지 않습니다.

불교에는 주어진 상황을 있는 그대로 바라보며 마음을 길들이는 다양한 수행법이 있습니다. 어떤 마음의 선입견도 배제하고 차창으로 흘러가는 경치를 바라보듯 그냥 바라만 봅니다.

우리는 보통 목전에서 벌어지는 현상을 있는 그대로 바라보지 못하고 자기 생각으로 색칠하여 보지요. 혹은 현실에 깨어 있지 못하고 망상과 잡념에 빠져 있을 때가 많습니다. 그래서 딴길로 접어들거나 생뚱맞은 결과를 초래하곤 합니다. 그 결과 스스로 곤란에 빠지거나 상대방으로부터 공연한 오해를 불러일으킵니다. 있는 그대로 보고 들은 것이 그만큼 중요하지요.

경계 근무를 서면 고정된 자세로 서 있기 마련입니다. 그렇게 서 있으면서 숨을 깊이 들이마시고 내쉬어 보세요. 몇 번 그렇게 천천히 호흡을 거듭하면 마음이 고요히 안정되면서 편안해집니다. 마음이 들뜨지 않으며 따뜻한 온기를 느낄 수 있습니다. 그리고 난 뒤 전방을 주시하면서 그 앞에 벌어지는 현상에 깨어 있는 것입니다. 전방에 푸른 나무가 있으면 그 나무의 흔들리는 모습을 조용히 있는 그대로 응시합니다. 시선이 돌아가면 그 시선이 머무는 대로 바라보고 알아차립니다. 마음으로 어떤 판단도 내리지 말고 있는 그대로 느낍니다. 고정된 지점을 응시할 수도 있고 시선을 움직이면서 바라볼 수도 있습니다.

그렇게 서 있다가 지겹거나 힘들다는 생각이 올라오면 '지겹다, 지겹다, 지겹다……' 또는 '힘들다, 힘들다,

힘들다……' 하고 알아차립니다. 그렇게 알아차리다 보면 그런 감정이 이윽고 사라집니다. 그러면서 다시 전방을 응시하면서 바라봅니다. 그렇게 하다 보면 순간순간에 깨어 있게 되고 수행이 깊숙이 진전되기 마련이지요.

생활관에서 불침번을 서며 왔다갔다 걸어가면서도 그런 수행을 할 수도 있습니다. 그것을 행선行禪이라 합니다. 일종의 걸어가면서 하는 수행이지요. 왼발 오른발을 천천히 옮기면서 그 옮기는 순간을 있는 그대로 알아차리는 것입니다. 이러한 수행의 힘을 통해 경계 근무를 잘 할 수 있고 나 자신이 깨어 있을 수 있다면 그 순간이 소중한 시간으로 다가올 것입니다.

이러한 방법 외에도 아미타부처님이나 석가모니부처님의 이름을 마음속에 가득 채우는 염불로 마음을 고요히 하면서 있는 그대로 알아차리는 방법도 있고, 천천히 자신의 호흡을 따라가면서 알아차리는 방법도 있습니다. 그 방법은 실로 다양합니다. 이러한 **수행법을 통해서 본마음과 접촉하고 밝은 마음으로 깨어 있는 것**입니다.

본마음이란 이리저리 움직이는 마음을 아는 마음이요

지켜보는 마음입니다. 내가 일하기 싫다거나 놀고 싶다는 마음이 올라오는 것을 겉마음이라 한다면 그런 마음을 지켜보고 알아차리는 또 하나의 마음이 본마음인 것이지요. 본마음은 들여다보는 마음이요 부처님 마음입니다.

반면 겉마음은 외부의 경계에 따라 올라오는 시끄러운 마음이요 범부 중생의 마음이지요. 본마음은 고요한 마음이며 겉마음은 풀풀 먼지 날리는 마음입니다.

따라서 수행으로 이런 본마음에 접하게 되면 눈으로는 대상을 따라가면서도 이리저리 날뛰는 마음을 묶어두게 됩니다. 앞이 보이지 않는 밤에도 역시 시선은 묵연히 밖을 향하고 마음의 초점을 내면에 고정시킵니다. 그렇게 해서 있는 그대로 바라볼 수 있는 내면의 힘을 키운다면 어디 보초 서는 일뿐인가요? **마음의 힘 또한 상당히 성장하기 마련입니다.**

이러한 수행법에 대해서는 이 책의 후반부에서 언급할 터이니, 그것을 참고하거나 군법당에 가서 법사님들의 소개로 터득해 봐도 좋을 것입니다. 그러나 수행법을 금방 숙달하긴 어렵습니다. 지속적으로 노력해야 하지요. 그러

다가 잘 안 되는 점이 발견되면 법사님께 물어보고 점검을
받고 그렇게 해 보십시오. 그렇게 꾸준히 해 보세요. 좋은
소식이 올 것입니다.

낯설고 열악한 환경에서
만족 느끼기

여행할 때 낯선 곳을 찾아 나서면 때묻지 않은 속살을 발견한 듯 새롭고 기쁜 마음이 듭니다. 그러나 낯선 곳에 대한 설렘도 마음이 얼어붙었을 때는 막막하고 답답하며 불편하기 짝이 없지요. 하물며 낯선 데다 환경과 시설마저 열악할 경우 사람들은 그 공간에 정 붙이고 살기 어렵습니다.

장병들의 일상적인 생활 공간인 생활관, 세면장이나 화장실, 그리고 취사장 등의 병영시설은 사회에 비하면 정말 불편하고 낙후되어 있습니다. 지금은 좀 나아졌겠지만, 예전의 겨울철 화장실 풍광은 정말 기막힐 노릇입니다. 날씨가 추우니 용변을 보면 그것이 탑처럼 쌓여서 맨 위가 뾰족하게 올라와 엉덩이에 닿을 듯 말듯 아슬아슬합니다. 화장실 청소할 때 그것을 삽으로 깨부쉈던 기억이 새롭습니다.

거기다가 여름에 화장실 모습은 어떤가요? 말하기 거북할 정도지요. 여하튼 요즘 들어 아무리 시설이 좋아졌다 해도 사회나 가정의 그것들에 비하면 많이 차이가 날 것입니다. 사회의 대부분 시설은 쾌적하고 편리하지요. 아파트 또한 참 편리하게 설계되어 있어 정말 아늑합니다.

그런데 통제된 상황에서 늘상 먹고 자고 씻는 기본적인 시설마저 열악하니 신세대 장병들로서 적응하기가 많이 힘들겠지요. 그러나 어쩌겠습니까? 시설이 점차 좋아지고 있다고 하지만 급작스럽게 쾌적한 수준으로 가긴 어렵습니다. 따라서 적응하며 사는 것이 상책이지요. 그러면 어떻게 적응할까요?

그 하나의 방법이 소욕지족少欲知足 하면서 사는 것입니다. **적더라도, 좀 부족하더라도 만족하면서 사는 것**이지요. 그것은 적고 부족한 데서 기쁨을 느끼는 재미입니다.

현대사회는 물질문명의 발달로 모든 것이 풍족해지고

있습니다. 인간의 욕망은 그칠 줄을 모르고 편리함만 추구하려다 보니 자원이 고갈되고 환경이 파괴되고 있지요. 기업에서는 소비를 자극하며 빠르게 새로운 모델을 소개합니다. 그러니 자연히 자원이 바닥나고 유행에 뒤떨어진 것은 쓰레기로 남습니다. 그 결과 지구가 급속도로 온난화되고 있지요. 기상이변이 속출하여 지구촌 곳곳에서 끔찍한 자연재해가 발생합니다. 그렇게 지구는 병들어가고 있습니다.

이 모두가 인간의 제어하기 힘든 탐욕스러운 욕망 탓이지요. 크고, 좋고, 편리한 것만 추구하려는 욕망의 늪에서 허우적거린 과보이지요. 현재 겪고 있는 글로벌 위기도 모두가 인간의 지나친 병적인 욕망 탓입니다.

그래서 부처님께서는 다음과 같이 말씀하셨습니다.

만족할 줄 아는 것이 최고의 부자 [知足最富] 이다.

《법구경》

고통에서 벗어나려거든 마땅히 지족함을 관할지니라.

아무리 억만금을 주어도 만족하지 못하면 고통스럽다는 것이지요. 보잘것없는 한술의 밥이라도 만족하면 행복하며 넉넉합니다. 그렇게 지족하는 마음을 가져 볼 일입니다.

다른 또 하나의 방법은 좀 불편하고 좋지 않은 시설일지라도 그곳을 내 집처럼 소중히 여기고 내 집처럼 아껴보는 것입니다. 거기에 정을 붙이고 마음을 줍니다. 그러면서 누가 시키지 않더라도 솔선해서 그런 곳들을 깨끗이 청소합니다. 아주 기꺼운 마음으로 말이지요. 생활관이건 화장실이건 세면장이건, 그렇게 내가 생활하는 공간을 정성을 다해 닦고 정리하며 애정을 쏟는 것입니다. 그러면 자신의 기분도 좋아지기 마련입니다. 그런 것을 이용하는 동료들의 마음도 또한 즐겁겠지요. 그것이 정말 복 짓는 일입니다. 복을 지으면 사람 살기가 풍족해지기 마련이지요.

생명이 있는 것이건, 생명이 없는 것이건, 내가 그것에 정성을 기울이면 그 대상이 보고 싶고 좋은 감정이 들기 마련입니다. 그렇게 친밀해지는 것이 지혜로운 삶의 방식이지요.

옛날 초등학교 시절 교실바닥을 청소하던 일이 생각납니다. 복도에 4, 5명이 쪼르르 열을 지어 쪼그리고 앉아서 쓰다 남은 양초를 문지르며 걸레로 빡빡 문지릅니다. 그러면 복도가 윤이 나 반들반들 거리지요. 마음도 즐겁습니다. 요즘 군대에서 치약 하나면 해결된다는 애길 들었습니다. 치약을 사용하여 닦으면 무엇이든 반짝반짝 윤이 나기 때문이지요.

행복은 어디서 어떻게 느끼는가요? 편하게 소파에 앉아서 재미난 것을 구경할 때일까요? 그렇지 않다고 합니다. **땀 흘리고 몰두하여 소기의 목적을 달성했을 때 사람들은 행복을 느끼는 법**입니다. 그렇게 마음을 기울여 내가 지내고 있는 곳을 땀 흘려 청소하면서 정을 붙이고 살아 볼 일이지요. 그러면 그곳이 정겨워지게 마련입니다. **사람이라는 게 그렇습니다.**

Q.08

육체적 괴로움에서 벗어나고 싶습니다. 특히 행군
과 유격훈련은 끔찍합니다. 반복되는 육체적인 힘
겨움에 숨이 막힙니다. 도와주세요.

장병들이 육체적으로 가장 힘들어하는 것이 구보와 행군 그리고 유격훈련 등일 것입니다. 완전군장을 하고 10km 정도의 구간을 주어진 시간 내에 완주하기란 정말 힘들지요. 그것도 평탄한 길이 아닙니다. 단입에서 쌍소리가 나올 정도로 힘들지요. 밤새 산을 넘고 물을 건너는 천리 행군 또한 힘들긴 마찬가지지요. 가파른 산비탈을 타고 올라가면서 얼마나 힘들었으면 '아들 낳지 않겠다'는 말이 튀어나옵니다. 아들을 낳으면 그 또한 군대에서 이러한 고생을 하기 때문이지요.

과연 이러한 괴로움을 어떻게 극복할 수 있을까요? 체력의 한계를 극복하는 인내력을 테스트하는 것으로 스스로 위로할 것인가요? 명령에 따라 고통을 감내한다는 것에 자족할 것인가요?

그런데 말입니다. 사회에서는 며칠분의 음식과 침구가 담긴 무거운 배낭을 메고 지리산을 횡단하거나 백두대간을 종주하기도 합니다. 심지어 전문 산악인들은 무거운 짐을 메고 죽음을 무릅쓰고 히말라야의 고봉을 등정합니다. 아마 이렇게 백두대간을 횡단하거나 지리산을 종주하는 코스, 그리고 히말라야 트래킹이나 등정은 군인들의 천 리 행군보다 더 고될 것입니다.

전문 산악인들의 고산 등정은 정말 철저한 자기와의 싸움 없이는 불가능합니다. 그런데 이들은 자발적으로 그 길을 걸어갑니다. 반면 군대에서의 행군이나 구보는 자발적이 아니라 명령에 의해 강제적으로 그 길을 가기 때문에 마음으로나 육체적으로 더 힘들며 괴롭습니다.

세계적인 마라톤 선수인 맨발의 아베베를 기억하는 사람이 많을 것입니다. 한 기자가 아베베에게 "당신은 언제나 맨발로 뛰어 반드시 우승을 하는데 그 비결이 무엇입니까?"라고 물었습니다. 아베베는 다음과 같이 말했다고 합니다.

"별다른 비결은 없습니다. **다만 나는 남과 경쟁하여 이긴다는 생각보다 나 자신의 고통을 이겨내야 한다는 것을 늘 잊지 않고 있습니다.** 마라톤은 장시간을 요하는 몹시 힘든 운동이기 때문에 달리다 보면 때로 숨이 차고 가슴이 터질 듯합니다. 그러나 자신의 고통과 괴로움에 지지 않고 끝까지 달렸을 때, 그것이 승리를 안겨다 주는 것입니다."

(《엄홍길 대장의 산 이야기》《당신이 축복입니다》, 2006년 6월호, 16쪽)

자신과의 싸움에서 이긴다는 것이 무엇보다 중요하다는 의미이지요. 우리들의 육체는 편하고 달콤한 것을 추구합니다. 힘든 일이 닥치면 피하고 싶고 그만 접고 싶은 마음이 동하기 마련이지요. 그래서 철저한 자기와의 싸움에서 이겨야 합니다. 그러한 싸움에서 지지 않고 그것을 이겨냈을 때 진정한 승리자가 되는 것이지요. 그럴 때는 **좌절하지 않는 마음, 물러서지 않는 마음으로 자신을 제어해야 합니다.** 본래의 마음으로 시시각각 올라오는 얄팍하고 게으르며 욕망에 물든 마음을 잡아줄 때 나는 승리할 수 있는 것이지요. 그래서 부처님도 말씀하십니다.

싸움터에서 백만의 적과 싸워 이기는 것보다 자기 하나를 이기는 자가 가장 뛰어난 승리자다. **자기를 이기는 것이야**

말로 가장 현명하나니 그러므로 사람 중의 영웅이
라 하네.

《법구경》

또한 그러한 육체적 고통과 한계에 직면해서 그 고통을
억지로 이겨내려 하지 말고 수용하려는 마음 자세를 지니
면 좋을 것입니다. 행복의 길로 들어서는데 공짜란 없습니
다. 순수한 행복이란 없지요. 행복하려면 그만큼 노력하고
고통을 수용해야 합니다. 고통을 행복의 일부로 받아들이
는 것이지요.

경사가 급한 길을 무거운 짐을 지고 올라가자면, 그리고
숨이 턱까지 차오르는 구보를 하자면 힘들고 고통스럽습
니다. 그러나 그러한 고통의 순간을 수용하지 않으면 걸어
가는 그 순간, 달리는 그 순간에 몰입의 기쁨을 누릴 수 없
습니다. 그러한 몰입을 거치지 않으면 자기 성취의 기쁨을
누릴 수 없습니다. 전력을 다해 언덕을 올라가면서 고통의
경계를 넘어봅니다. 그 경계를 넘어서서 상쾌한 기분을 느
껴보세요.

다시 말하지만 **행복은 어느 정도 고통을 수반**합니다. 따라서 그 고통을 감내하면서 그 과정에 몰두하노라면 묘한 행복을 느끼고 그걸 완수했을 때 커다란 성취감을 느끼기도 합니다. 완전군장에 구보, 천 리 행군, 만 리 행군의 길, 그것은 결코 쉽지 않습니다. 그러나 고통을 수용하면서 내가 가는 길에 몰두하고 성취하는 기쁨을 누릴 수도 있을 것입니다.

피둥피둥 놀기만 하면서 편하게 먹을 것 먹고 텔레비전이나 본다고 해서 결코 행복할 수는 없습니다. 누워서 텔레비전 본다고 행복한가요? 물론 편할 수 있습니다. 그러나 그것은 진정한 행복이 아닙니다. 적절하게 고통을 수용하면서 자신을 무아로 돌리고 걸어가는 그 자체에서 행복을 찾을 수 있을 것입니다.

불교 수행법 중에 절수행이 있습니다. 절을 하면서 108배·1,080배·3,000배·1만배 등을 합니다. 달리기와 마찬가지로 절 수행에는 많은 고통이 따릅니다. **자기 한계와 나를 놓지 못하는 생각을 절을 통해 이겨내는 것이지요.**

Tip

게임 중독 극복하기

요즘 장병들은 신세대라서 그런지 컴퓨터에 빠져 있는 시간이 많다고 들었습니다. 그것도 컴퓨터 게임에 중독되어서 거기서 헤어날 줄 모른다는 것이지요. 게임 중독이 너무 심해 군 생활에 잘 적응하지 못한다면 그것은 문제가 됩니다. 물론 군대에 들어오기 전에 그런 게임에 많이 접해 본 탓으로 거기에 빠져드는 것이겠지만, 그것을 일종의 피신처로 삼고 거기에만 잠겨 갈증을 잠재운다면 문제도 보통 문제가 아닙니다.

중독에 걸리면 거기서 헤어나기 힘들지요. 중독은 일종

의 마약과 같습니다. 중독이라는 병은 사람을 물귀신처럼 붙들고 늘어집니다. 그래서 그것을 하지 않으면 도저히 불안해서 견딜 수가 없지요. 술 중독자는 술을 마시지 않으면 마음이 편치 않고 갑갑해 합니다. 담배를 즐겨 피는 사람은 한시라도 담배를 피우지 못할 경우 못 견뎌 하지요. 다른 일도 제대로 손에 잡히지 않습니다. 매사에 그런 현상으로 마음을 괴롭힙니다.

중독, 그것은 강한 독성을 품고 있다는 의미입니다. 독성을 지니고 있기 때문에 그것과 접하면 마음과 몸이 병들며 심한 경우 죽음까지 몰고 갑니다. 불교에서는 마음의 독을 인생을 파괴하는 매우 무서운 요소로 보고 있지요. 특히 탐욕스러운 마음, 화내는 마음, 자기를 비우지 못하는 어리석은 마음을 인생을 좀먹는 세 가지 독소라 하여 '삼독三毒'이라고 말합니다.

이 중에서 중독은 탐욕스러운 마음과 관계되어 있습니다. 올라오는 생각과 욕심에 눈이 멀어 앞이 보이지 않고 그것을 어떻게든 해소해야만 직성이 풀리는 것이지요. 그것은 타는 듯한 갈증과 같습니다. 그러나 그렇게 해서 자신의 욕망을 채우긴 했지만, 다시 끝없는 욕망에 빠져듭니다. 그것이 끊을 수 없는 중독 현상입니다.

다들 알 것입니다. 일단 게임에 중독되면 그 일에만 몰입되어 다른 모든 것은 제쳐 둔다는 사실을 말입니다. 강박관념에 싸여 비정상적으로 매달려 있으니 일상생활이 엉망이지요. 밥도 건성으로 먹고 잠도 대충 잡니다. 그러니 몸이 지칠 수밖에 없습니다. 심신이 피곤하고 눈은 항상 충혈되어 있지요. 몸이 극도로 긴장되어 있으니 마음의 휴식이란 없습니다.

모든 것은 적당한 게 좋습니다. 게임도 단순한 스트레스 해소용으로 즐길 수는 있습니다. 그러나 거기에 미친 듯이 몰두하니 문제입니다. 물론 현실이 괴롭고 하는 일도 제대로 되지 않기 때문에, 나아가 낯선 공간에 혼자 고립되어 있다는 생각에서 그러한 답답함을 피하려고 게임을 피신처로 삼아서 갈증을 달랠 수는 있습니다. 지나치니 문제입니다.

중독을 다스리는 것은 마음가짐에 달려 있습니다. 마음을 굳건하게 다잡고 잘 다스려 주어야 합니다. 게임을 하고 싶은 생각이 가슴속 깊은 곳에서 몰려오면 그 마음을 쉬어 주어야 합니다. 계속 그 생각 속에 머물러 있으면 급한 마음에 그것을 하지 않고는 견딜 수 없게 마련입니다. 강박관념이 내 마음을 지배하기 때문이지요.

우리 마음은 급한 마음을 해소시키는 힘이 있습니다. 어떤 것이든 영원한 것은 없습니다. 순간순간의 마음이 지속될 뿐이지요. 그 마음을 끌어안고 있으니 자신도 모르게 그곳으로 붙들려갑니다. 물귀신이 따로 없습니다. 마음을 한쪽 방향으로 잡아끌어 계속 그쪽으로 끌려가는 것이지요. 따라서 그러한 굳어진 마음을 풀어 주어야 합니다. **내 마음속 깊은 곳에는 급한 마음과 강박관념을 녹여주는 따뜻한 마음이 숨 쉬고 있습니다.** 그 따뜻한 마음속으로 들어가면 아무리 급박한 생각도 눈 녹듯 사라집니다.

불교에는 올라오는 급한 마음을 쉬어 주어 부드럽고 따

뜻한 마음속으로 접어들게 하는 다양한 명상법이 있습니다. 군 장병들이 간편하게 할 수 있는 명상법을 소개해 봅니다.

일단 호흡을 깊게 들이마십니다.
그리고 서서히 숨을 내쉽니다.
몇 차례 그렇게 하면서 따뜻한 숨결을 느껴보세요.
그것은 본마음에서 나오는 숨결입니다.
본마음은 고요하고 평화롭습니다.
그렇게 본마음과 접속하면 들뜬 마음이 잦아듭니다.
이제 주변을 돌아볼 마음의 여유가 생깁니다.
푸른 하늘에 흘러가는 구름을 바라봅니다.
지저귀는 새소리에 마음도 기울여 봅니다.
동료들과도 허심탄회한 대화를 나누어 봅니다.
그렇게 마음을 안정시킵니다.

그렇게 마음을 돌려 안정이 되면 현실을 있는 그대로 바라보고 현재의 순간에 전념할 수 있게 됩니다. 고요한 마음에 머물게 되면 아무리 심한 중독에서도 벗어날 수 있을 것입니다. 마음이 자면 급한 마음은 사라지기 마련이지요. 강박관념 또한 사라지기 마련입니다. 그렇게 마음을 거듭 거듭 쉬어 주어야 합니다.

　비단 게임 중독만이 아닙니다. 담배 중독, 술 중독, 문자 중독 등등에 대해서도 마찬가지로 대처해 보세요. 그러면 마음과 육신의 건강은 물론 활기찬 병영 생활을 할 수 있을 것입니다.

Q.09

외롭습니다. 그렇다고 누군가에게 속내를 꺼내기도 쉽지 않습니다. 말을 꺼내면 상대가 비웃을지도 모른다는 생각에 더욱 고립되는 느낌입니다. 어떻게 해야 할까요?

군에 처음 들어오면 모든 것이 낯설다는 느낌을 받습니다. 낯선 사람과 낯선 시설들 그리고 낯선 환경과 문화 등 모두가 생소하기만 합니다. 특히 말끝마다 "~다." 아니면 "~까?"로 표현하는 딱딱한 말투는 참으로 어색하지요. 저도 자대배치를 받고 난 뒤 어느 교육시간에 제 자신의 주장을 합리적으로 전개하면서 부지불식간에 사회에서 쓰는 말이 나오자, 그 시간이 끝나고 선임병으로부터 군기가 빠졌다고 혼난 일까지 있습니다.

여하튼 군복무를 하노라면 내가 살고 있던 익숙한 곳으로부터 멀리 떠나 혼자 있다는 생각, 외톨이라는 생각이 가슴을 저미어 옵니다. 특히 **추석이나 설처럼 명절이 다가오면 더더욱 외롭고 쓸쓸해집니다.** 맛있는 음식을 먹으며 가족들과 두런두런 얘기를 나누던 정경이 그리워지지요.

훈련 중 참호 속에서 건너편 마을을 바라본 적이 있습니다. 저녁나절에 모락모락 밥 짓는 연기가 피어오르는 정경, 멍멍 개 짖는 소리, 방문의 창호지 사이로 새어나오는 불빛들, 그런 산골 오두막의 풍경도 사람 사는 냄새가 나서 냉큼 뛰어가고 싶은 심정이었습니다.

군대에서는 누군가에게 자신의 고민을 털어놓고 싶어도 자신의 고민을 들어줄 만한 상대를 찾기는 쉽지 않습니다. **마음을 끄집어 내놓고 전하기 힘드니 답답함만 쌓여갑니다.** 사회 있을 때는 서슴없이 친구들과 술 한 잔 마시면서 외로움을 달래거나 정겨운 이야기를 나눌 텐데 그럴 수도 없지요. 가족도 안 보이고 연인과도 멀리 떨어져 있습니다. 정말 외롭지요.

내 곁에 아무도 없다는 것은 큰 절망입니다. 나의 고민과

설움을 받아줄 수 있는 사람이 주변에 없다는 것은 큰 고통으로 다가옵니다.

외톨이로 살아간다면 자신의 마음을 달랠 길이 없으니 분노나 억울한 일이 발생해도 해소할 길이 없습니다. 특히 졸병 시절에는 더욱 그렇지요. 저도 보초를 설 때면 먼 하늘의 달을 바라보면서, 어머니 얼굴을 떠올리며 외로움을 달래본 일이 많습니다. 특히 추석 때 뜨는 둥근달을 보면 외로움과 슬픔이 물밀듯 밀려옵니다. 어이할 것인가요?

물론 인간은 본래 고독한 존재라고 합니다. 누구도 나의 고통을 대신해 줄 수 없고 누구도 내 마음을 속속들이 알지 못하기 때문이지요. 최종 결정은 내가 내리고 내가 행동합니다. 그러나 절친한 친구나 동료의 도움을 얻는다면 훨씬 몸이 가벼워지는 게 인생살이지요. 그렇게 인간은 더불어 살아가고 함께 할 때 진정한 행복을 느끼는 법입니다.

요즘 대학 생활에서도 진심으로 마음을 터놓고 얘기할 친구가 없다고 합니다. 어느 대학생의 얘기를 들어보니 어울릴 친구가 없어 주변만 배회할 뿐 동아리 모임이나 학우들 모임에도 끼지 않는다고 합니다. 그렇게 서로 경쟁하면서 삭막하게 살아가고 있습니다. 그러나 군대의 동료들은 경쟁자들은 아니지요. 함께 동고동락하는 사람들이지요. 누구보다도 군대의 동료들은 서로의 괴로움과 외로움을 이해합니다.

그렇다면 **내가 먼저 마음의 문을 활짝 열어야 합니다.** 군대라는 낯설고 강압적인 환경 속에서는 잔뜩 움츠러들기 마련이지요. 그러면 자꾸만 구석으로 몰리면서 한없이 초라해지고 소외감을 느낄 뿐입니다. 그럴 경우 내가 이런 말을 해도 될까, 나의 이러한 고민을 누가 들어줄 수 있을까하는 두려움을 없애야 합니다. 그런 생각 자체가 망상이지요. 나의 진솔한 말을 들어줄 수 있는 선임병이나 동료에게 자신의 고민을 털어놓으며 대화의 장을 열 때 사람은 서로 공감하고 받아주기 마련이지요. 그렇게 어려운 환경 속에서 서로를 아끼고 위로하고 감싸줄 때 진정한 우정과 전우애가 싹틀 수 있습니다.

그것마저 어려우면 일요일이나 수요일 종교시간을 이용하여 법당이나 성당, 교회 등을 찾아 거기 법사님이나 신부님, 목사님께 자신의 고민을 털어놓을 수 있어야 합니다. 아니면 같이 종교 생활을 하는 동료 전우들끼리 말을 터놓고 대화의 장을 마련해 보세요. 그렇게 대화를 하다 보면 의외로 고민과 외로움이 해소될 수 있는 길을 찾게 될 것입니다.

그리고 **때론 혼자 철저히 외로워질 필요도 있습니다.** 철저한 공허 속에서 자신과 직면하여 볼 일이지요. 그러한 외로움 속에서 영혼의 갈증을 해소할 수 있는 길을 찾게 되고 그 길을 향해 젊음을 불태울 수 있습니다.

위대한 작품들을 보면 철저한 고독 속에서 탄생했다는 사실이 그것을 잘 증명해 줍니다. 또한 철저한 고독 속에서 자신과 만나고 신과 만나는 기회에 직면하게 됩니다.

그러한 침묵의 순간에서 고요히 자신의 내면으로 들어가면 깊은 바다와 만납니다. 내 마음 속에는 깊은 바다가 출렁이고 있습니다. 그 깊은 바다 속에서는 진정한 너와 나의 만남이 이루어집니다. 보고픈 어머니도 그리운 연인이나 친구도 그 깊은 바다 속에서 만나 서로 숨결을 나눌 수 있습니다.

그렇다면 사람은 홀로 있어도 결코 외롭지 않습니다. 내 마음 깊은 곳에는 부모님, 나의 사랑하는 연인, 정다운 친구들이 숨쉬고 있기 때문이지요. 이러한 깊이를 모르면 사람들은 군중 속에서도 고독을 느끼는 법입니다. 그리고 **나의 진정한 친구**는, **가장 사랑하는 애인**은 누구인지 아는지요? **바로 나의 본마음입니다. 나를 이끌고 가는 주인공입니다.** 한번 그것을 찾아보세요.

두려움에 주눅든 마음
활짝 펴기

두려움이 없는 사람은 없을 것입니다. 죄를 짓거나 일을 잘못해서 그로 인해 장차 벌어질 사태에 대한 두려움도 있고, 어려운 일에 직면해서 그것을 피하고 싶은 두려움도 적지 않습니다. 상대방이 나에게 가해 올 두려움, 암과 같은 병에 걸리지는 않았는지 하는 두려움, 불의의 사고를 당하여 내 생명에 지장을 줄 것 같은 두려움, 그리고 가장 큰 두려움은 죽음에 대한 공포와 두려움일 것입니다.

군 장병들을 무서움에 떨게 하는 두려움은 무엇일까요? 군이라는 특수한 상황에서 발생하는 특별한 두려움이란 왜 생기며 어떻게 극복할까요?

예전에 제가 군 생활을 할 때는 하루가 아무 일 없이 지나가면 왠지 두려웠습니다. 그만큼 매일같이 일이 터지고 그러면 한바탕 소동이 일어나기 마련이었지요. 뭔가 고요하다 싶으면 아니나 다를까 저녁 무렵이나 취침하기 직전에 은밀하게 상급자로부터 집합을 알리는 소리가 들립니다. 창고 뒤나 화장실 뒤로 5분 내로 집합하라는 것이지요. 하던 일을 멈추고 후다닥 뛰어갑니다. 가 보면 하급병들이 겁에 질린 얼굴로 줄줄이 서 있습니다. 상급병이 한마디 합니다. 그 다음부터 줄줄이 터지는 것입니다.

그리고 전투력 측정할 때 성적이 떨어지거나 다른 부대와 시합에서 질 때도 두렵습니다. 한바탕 질책의 소란이 벌어지기 때문입니다. 군기가 빠졌다느니 하면서 마구 갈구지요.

그렇게 상급병이나 장교들로부터 오는 질책과 체벌은 정말 큰 두려움입니다. 그리고 더 피를 말리게 하는 것은 일을 잘못하거나 죄를 짓고 그 화근이 언제 나에게 닥쳐올 줄 모른다는 두려움이지요. 그래서 그러한 두려운 생각에 싸여 아침마다 초조하고 불안합니다. 그럴 경우 그와 연관된 어떠한 말을 들어도 가슴이 오그라들지요. 그와 관련된 사람을 만나도 호흡이 멎는 것 같습니다. 그렇게 두려움에 붙들려 사니 하루가 편하지 않습니다.

두려움은 지나친 망상과 잡념에서 생깁니다. 두려움은 미래에 대한 불필요한 망상이나 잡념인 것이지요. 심한 경우는 아무 탈 없이 잘 달리던 자동차가 인도로 돌진하여 나를 덮치진 않을까 하는 두려움도 생깁니다. 일종의 과대망상이지요. 그러나 두려워한다고 해서 해결되는 건 하나도 없고 마음만 주눅들뿐입니다.

그렇다면 어떻게 하면 두려움을 없앨 수 있을까요?

첫째는 그런 망상에 시달리지 말며 정확히 현실에 깨어 있는 것입니다. 부질없는 걱정일랑 일소에 버리는 것이지요. 두려움에 얽매여 살면 괴로움의 연속이기 때문입니다. 따라서 그런 생각에 자신을 빼앗기지 말고 지금 자신이 직면한 현실에 깨어 있어야 합니다. 막상 그 일이 닥치면 그때 가서 해결하면 됩니다.

둘째는 두려움에 정직하게 직면하여 그것을

바라보는 것입니다. 두려움에 직면하여 그 두려움 속으로 들어가 보세요. 두려움에 떨면서 그것을 피하면 안 됩니다. 그 두려움과 친구가 되어 보세요. 그러면서 어떤 마음이 드는가를 그대로 느껴봅니다. 그 정체를 꿰뚫어보는 것이지요. 따지고 보면 두려운 마음도 두려움의 대상도 다 내 마음속에서 나온 것입니다. 내 마음이 그렇게 만든 것이지요. 그 두려움을 껴안아 보세요. 원래 나와 둘이 아니니 내 마음 한 자리로 돌려놓아 보세요.

셋째는 내 마음을 허공처럼 키우는 것입니다. 내 마음을 허공이나 우주처럼 키워보세요. 그러면 사소한 말다툼, 사소한 잘못, 하다못해 아무리 큰 잘못을 했더라도 허공처럼 커진 내 마음에 그것은 티끌에 불과합니다.

넷째는 두려운 마음을 즉시 허공으로 날려 해소해 보십시오. 두려운 마음이 올라오면 그것에 사로잡히지 말고 두려운 그 마음에 염불을 하면서 허공 속으로 완전히 연소시켜 바람처럼 날려 버리는 것입니다. '나무아미타불' 하면서 그 두려운 마음을 해탈시킵니다.

다섯째는 두려움의 실체는 없다는 사실을 정

확히 인식해야 합니다. 불교경전《반야심경》에 '조견 오온개공 照見五蘊皆空'이라는 구절이 있습니다. 사람이나 대상을 구성하고 있는 모든 요소를 하나하나 지혜의 눈으로 비추어 보니 텅 비어 있다는 것입니다. 고정되어 있는 것은 하나도 없고 찰나찰나 모든 것들이 일시적으로 모여 변해가고 있을 뿐이라는 얘기지요.

그렇게 텅 비어 있는데 나를 두렵게 할 고정된 대상이란 사실 없습니다. 일시적으로 발생하여 순간순간 무상 속으로 사라질 뿐이지요. 그렇게 밖에서 벌어지는 사건이나 일도 순간적으로 모였다가 사라집니다. 그리고 그것을 바라보는 나 자신도 텅 비어 있으므로 걸릴 것이 없습니다. 내가 없는데 어떻게 그런 두려운 현상에 마음이 걸리겠습니까? 그래서《반야심경》에서는 또 말합니다.

그렇게 없다는 사실을 꿰뚫으면 공포는 절대 없다〔無有恐怖〕.

Q.₁₀

화가 납니다. 너무 화가 나서 스스로를 자제하지 못할 것 같은 때도 있습니다. 밖으로 표출하면 마음이 가라앉을 것 같은데, 그럴 수도 없습니다. 이 분노를 해소할 길이 없습니다. 어떻게 해야 할까요?

화를 내지 않고 사는 사람도 있을까요?

아니 하루에 한 번도 화를 내지 않고 사는 사람이 있을까 생각해 봅니다. 부처님 같은 사람이라면 모를까 대부분 그렇지 않을 것입니다. 내가 어떤 일에 열중하고 있는데 주변에서 다른 것을 해 달라거나 무엇을 시키면 화부터 나지요. 욕구가 좌절되거나 자존심 상하는 말을 들었을 때 화가 치밀어 올라요. 특히 병영 생활을 하다 보면 화가 많이 납니다. 자발적으로 행하기보다는 명령에 의해 움직이니 더욱 그렇지요.

어떠세요. 화가 나도 참아야 할 때가 많지요. 말단 졸병의 경우 정당하게 항의할 수도 없고 화를 낼 수도 없지요. 저도 훈련병 시절 조교에게 멋모르고 항의했다가 무참하게 터진 적이 있습니다. 예전에는 고참으로부터 구타를 당하면 그것이 줄줄이 하급자에게 이어졌습니다. 그럴 경우 말단 사병은 정말 속절없이 맞아야 했지요. 지금은 안 그렇다는 얘기를 들었지만 아직 구타가 완전히 근절되지 못했을 것이라는 생각이 듭니다. 제가 체험하지 못해서 현실을 잘 모르겠습니다.

여하튼 하급병은 화가 나도 참아야 하지요. 그리고 그 화를 해소할 방법이 없습니다. 물론 **화가 난다고 해서 버럭 화를 내면, 그 화가 상대방의 마음을 건드려 더 큰 화를 불러오기 마련이어서 화가 나는 상황이라 할지라도 화를 참는 것이 바람직합니다.**

그러나 화를 억지로 참으면 그것이 화병으로 발전해 몸과 마음이 힘들지요. 억지로 참으니 마음이 무겁고 울화가 치밀어 와 분한 생각이 마음을 짓누릅니다. 그러한 화가 쌓이고 쌓이면 끝내는 아주 큰 분노로 폭발하는 법이지요. 화를 꾹꾹 참고 있으면 풍선처럼 부풀어 올라 언젠가는 터지기 마련인 것입니다.

인욕忍辱이라는 말이 있습니다. 인욕이란 참는 것을 뜻하지요. 깊이 수용하고 녹이는 것입니다. 절대로 억지로 참는 것이 아니지요. 그것은 상대방이 나로 향한 불편한 마음을 받아들이면서 나 자신을 무아로 돌릴 때 가능합니다. 내 입장에서 바라보는 것이 아니라 그 사람 입장에 서 보면서 깊게 그 마음을 녹여내는 것이지요.

모든 게 원인 없는 결과는 없습니다. 그럴 수밖

에 없었던 원인이 있지요. 설령 상대편이 나를 향한 그 불편한 심기가 전혀 나와 관계가 없는 일이라 할지라도 말입니다. 그렇게 그 사람 입장에 서 보는 것이지요. 그렇게 이해하고 수용하면 화나 원망을 마음속에 간직하지도 않습니다. **깊이 인내하면 오히려 그 사람에게 측은지심을 느낍니다.**

그런데 사람은 그렇게 성숙하지 못한 편입니다. '아차' 하는 순간에 반사적으로 욕이나 상스러운 말, 기분을 상하게 하는 말들이 튀어나오지요. 그렇게 오랜 세월 동안 길들여 왔기 때문입니다. 그러나 그것은 악순환이 고리를 맺는 것입니다. 따라서 나를 불편하게 하는 말이나 행동이 들어올 때 즉각 반응하지 않고 깊게 자신의 내면을 바라보는 것이 좋습니다. 그 순간 깊게 심호흡을 하면서 본마음을 바라봅니다. 그러면 올라오는 급한 마음이 멈추기 마련이지요.

화가 나더라도 화의 부림을 받지 말아야 합니다. 화를 들여다 볼 줄 알아야 되지요. 화내는 순간 내가 화내고 있다는 것을 알아차려야 합니다. 그래야 내가 화에 휘둘리지 않습니다. 화를 알아차리는 순간, 그렇게 화내는 마음을 보는 본마음과 접하게 됩니다. 본마음과 접하는 그때 나는 화로부터 휘둘리지 않고 상황을 냉철하게 직시할 수 있습니다.

화가 어디서 오나 찾아보세요. 과연 화의 실체가 따로 있는가요? 화는 고정되어 있지 않습니다. 조건에 따라서 화가 일어났을 뿐이지요. 그 분노라는 놈이 따로 있어서 영속하는 것은 아니라는 말입니다. 그런데 우리 마음이 거기에 끌려가 집착하니 그 화가 풀리지 않는 것이지요. 따지고 보면 나도 없고 너도 없는데 화가 어디에 있을 것인가요? 아무리 심각한 일도 지나고 나면 훗날 아무것도 아니어서, 피식 웃음이 나오지 않던가요? 천지가 개벽할 만한 일이라 할지라도 그것은 광활한 우주에서 바라볼 때 미세한 먼지와 같습니다. 그래서 넓고 크게 보아야 합니다.

부처님 말씀에 다음과 같은 구절이 있습니다.

지혜로운 사람은 슬기의 눈으로써 나쁜 욕설과 큰 비방을 능히 참나니, 그것은 마치 **큰 돌에 비가 내리더라도 돌은**

 그러므로 지혜로운 사람은 좋고 나쁜 말이나 괴롭고 즐거운 일을 돌처럼 참느니라.

《잡보장경》

그러나 더 중요한 일이 있습니다. 대장부는 자신보다 강한 사람에겐 더 의연하고 강하며 약한 사람을 만나면 더욱 자신을 낮춘다는 것이지요. 반면 졸장부는 자신보다 강한 사람에게 굽신거리며 입에 발린 말을 하지만 약한 사람에게는 모질게 대하고 군림하지요. 따라서 군대에서 상급자는 하급자일수록 보살피는 마음을 내어 살필 줄 알아야 합니다. 정신을 차릴 수 있게끔 따끔한 훈계는 내리되, 사람의 마음에 상처 주는 말과 행동은 삼가야겠지요.

'나' 속에 '너'가
'꽃' 속에 '바람'이

나를 비우고 나누면서 살면 갈등이 줄고 평화가 오고 괴로움도 줄어들지요. 불교에서는 그렇게 집착을 비워 남과 더불어 행복해지는 삶을 팔정도八正道로 제시합니다. 그 팔정도를 하나하나 살펴보면서 행복의 길로 나서 보겠습니다.

첫 번째는 정견正見입니다. 세상을 살아가는 데 정견만큼 중요한 것은 없습니다. 군 생활도 마찬가지이지요. 정견이란 바르게 나와 세상을 보는 안목입니다. 나와 세상이 어떠한지 바르게 알면 내가 어떻게 살아가야 할지 길이 보일 것입니다.

정견에서 가장 중요한 것은 무아無我와 연기緣起에 대한 통찰입니다. 그리고 앞서 말한 사성제에 대한 통찰입니다. 무아는 이 책에서 수시로 언급되니 여기서는 생략합니다. 연기란 나를 비롯한 모든 것들이 서로 연결되어 일어난다는 이치를 보여줍니다.

세상에 홀로 존재하는 것은 없습니다. 어떤 것이든 관계를 맺으며 존재하지요. 나 속에 너가 들어와 있고, 꽃 속에 바람이 들어와 있으며, 나무 속에는 뿌리를 통해 흙이 들어와 있습니다. 나를 중심으로 보자면 내 속에는 너와 하늘과 바람과 꽃과 나무들이 들어와 있으며, 너를 중심으로 보자면 너에게도 이 모든 것들이 들어와 있지요. 이렇게 우리는 관계를 맺으며 존재합니다. 그것은 **나만을 고집하지 않고 나를 비우고 나누기 때문에 가능합니다. 그리고 나눈 만큼 세상이 들어옵니다.**

나무가 자라는 모습을 보세요. 씨앗이 발아되고 싹이 트고 가지가 나오면서 쑥쑥 자라지요. 가지가 여러 갈래로

나뉘면서 우람한 나무로 성장하는 것입니다.

연기를 다시 구체적으로 설명해 보겠습니다. 서울대학교 수의학과에 우희종 교수님이 계십니다. 뛰어난 학자이기도 하며 불교적 삶을 잘 사시는 분입니다. 그분의 연기에 대한 설명에 저는 참 좋은 감명을 받습니다. 그 내용을 제가 소화한 바대로 간략하게 소개하겠습니다.

똑같은 된장국도 손맛에 따라 달라집니다. 손맛이 무엇인가요? 두부, 된장, 물, 양념 등을 잘 조화시키며 버무리는 솜씨 아닌가요? 조건이 어떤가에 따라, 어떻게 관계 맺는가에 따라 된장국의 맛이 달라집니다.

이 시점에서 우리가 주목해 볼 점은 이렇습니다. 된장국은 두부, 된장, 물 등과 관계를 맺고 생겨납니다. 그리고 그 관계도 어떻게 맺느냐 하는 손맛에 따라 달라지지요. 그렇게 보면 모든 생명이든 무생명이든, 어떤 삶의 조건이나 상태든 관계를 맺고 존재하지 않는 것은 없다는 것입니다. 관계 속에서 생명도 창조되는 것이지요. 아니 생명체건 무생명체건 그때그때의 상황 속에서 어떤 관계를 형성하느냐에 따라 새로운 것들이 만들어진다는 얘기입니다.

모든 것을 신이 창조했다고 볼 수 없는 것이지요. 그러므로 우리는 좋은 관계, 아름다운 관계를 유지하고 발전시켜야 합니다.

요즘 한국의 기술력은 세계에서 인정받습니다. 그래서 좋은 제품이 많이 만들어지지요. 불행하게도 그런 것들 중에 세상에 빛을 못 보는 것이 태반이랍니다. 그런데 제품을 만든 기업체 사장이 주변인들과 좋은 관계를 맺었다면 그 제품의 판로를 도와주는 사람이 여기저기서 나선답니다. 그렇게 해서 기업이 발전합니다.

군 생활도 마찬가지이지요. 그렇게 서로 상생하는 관계에 대한 안목을 바로 세워야 합니다. 그것이 부처님이 설하는 연기의 핵심입니다.

정견은 또한 **마음의 시각**이기도 합니다. **마음의 초점**이 중요하지요. 인생을 긍정적인 방향으로 보면 아무리 악조건에 놓여 있다고 하더라도 그것을 개선해 나가는 의지를 불태우게 마련입니다. 아무리 심한 고통도 순간적인 일입니다. 그것을 붙잡고 있기 때문에 문제인 것이지요. 고통을 직시하고 깊이 수용하면 이윽고 고통은 사라집니다. 매사에 할 수 있다는 신념을 가지고 하루하루 최선을 다한다면 그의 일상은 밝고 활기찰 것입니다. 그러면 안 될 일들이 없지요. 그래서 자투리 시간도 아껴 쓰고 노력하지요. 그렇게 시간을 소중히 여기면서 온 마음을 기울입니다.

그러나 인생을 부정적인 시각으로 바라보면 모든 것이 불만투성이지요. 사실 누구나 힘들고 괴롭습니다. 그런데 유독 부정적인 시각을 가진 사람들은 자신에게만 그러한 괴로움들이 연이어 발생한다고 생각합니다. 그러면서 자신은 복도 지지리 없다고 여깁니다. 그렇게 마음을 쓰니 모든 게 잘 될 리가 없습니다. 마음이 침울하고 우울하니 하는 일도 신나지 않고 대충대충 넘깁니다. 그러다가 상대방과 부딪히고 싸움까지 벌입니다. 고통의 연속인 것이지요. 그러면서 왜 나에게는 안 좋은 일만 생기는지 투덜거립니다.

반면 **마음의 시각이 긍정적인 방향으로 잡힌 사람은 어려움이 와도 거기에 흔들리지 않습니다.** 당장 현실이 괴롭다하지만 거기에 끌려가지 않고 그 괴로움의 파도가 가라 앉기를 기다립니다. 거센 파도는 그럴만한 인연이 생겨서 발생한 것으로 여깁니다. 그렇게 관조하고 수용합니다. 그러고 난 뒤 그 어려움을 자신을 단련시키는 계기로 삼아 그것을 극복하고 다시 올라오는 파도의 힘을 이용합니다. 그렇게 긍정적인 시각을 가지고 사니 앞날은 정말 무지갯빛이지요.

그리고 이렇게 긍정적인 안목을 가지는 것 역시 나를 비울 때, 나를 놓아 버리고 나를 숙일 때 제대로 자리잡습니다. 나를 내세우고 나를 고집하여 집착하면 시야가 좁아집니다. 그러다가 눈 뜬 장님이 되고 맙니다. 모든 것은 나로부터 출발합니다. 내 마음으로부터 출발하지요. 이것을 제대로 봐야 합니다. 명심하고 명심할 일이지요.

집착하지 않고 갈등 없이 행복하게 살아가기 위한 덕목들을 살펴보겠습니다. 그것은 팔정도의 두 번째 덕목부터 여덟 번째 덕목까지 일곱 가지입니다.

두 번째는 정사유正思惟입니다. 바르게 사유하는 것이지요. 혹은 바른 결심이라고도 합니다. 올바로 본 다음 올바르게 생각하고 결심해야 합니다. 우리는 행동하기 전에 충분히 사유하고 결심해야 합니다. 이와 관련하여 《잡보장경》에서는 다음과 같이 말합니다.

누운 풀처럼 자기를 낮추고 깊이 생각하여 이치가 명확할 때 과감하게 행동하라.

우리가 실수를 저지르는 것은 대부분 신중하게 생각하지 않고 대충대충 생각하고 행동하기 때문입니다.

바른 사유에서 무엇보다 중요한 것은 마음을 비운 상태에서 객관적으로 생각해야 합니다. 나를 비운 상태에서 사유하면 생각이 치우치지 않으니 깊고 넓으며 객관적이지요. 그런 치우치지 않는 생각이 중도中道의 가르침입니다. 중도의 마음으로 현실을 내 편 네 편으로 나누지 않고 객관적으로 봅니다. 그렇게 생각하고 결심한 뒤 행동하면 걸리지 않습니다. 그리고 이치에 맞게 천천히 정사유합니다. 마음속 깊이 받아들이면서 사유하는 것이지요.

세 번째는 정어正語입니다. 바른말이요 바른 언어생활이

144

지요. 말 한마디 잘못하여 상대방의 마음을 아프게 하지 말아야 합니다. 말은 도끼의 양날과 같다고 했습니다. 말을 잘하면 상대방도 살릴 수 있고 말 한마디 잘못하면 상대방을 한없는 고통의 수렁으로 빠트릴 수 있지요. 언젠가는 내가 뱉은 말이 씨가 되어 돌아옵니다. 그 갑절로 돌아오지요. 그러므로 나에 집착하여 올라오는 급한 마음으로 화를 내고 짜증내는 말을 삼가고 화합하는 말, 평화로운 말, 자비로운 말을 해야 합니다.

네 번째는 정업正業입니다. 정업이란 바른 행위를 일컫습니다. 말뿐만 아니라 행동 역시 바르고 차분해야 합니다. 말은 그럴듯하게 하면서 행동이 딴판이면 그것은 말 따로 행동 따로이지요. 언행이 일치하고 자신에게 정직하고 솔직해야 합니다. 바른 행동 역시 사람을 살리는 행동일 때 값집니다. 반면 동료들에게 폐를 끼치고 힘들게 하는 행동은 불쾌감을 유발합니다. 곁의 전우들의 일을 거들어 주고 합심하는 행동으로 병영 생활을 아름답게 가꾸어 볼 일입니다. **마음을 합하면 단단한 쇠도 끊는다고 했지요.**

다섯 번째는 정명正命입니다. 정명이란 바른 직업을 말하지요. 올바른 직업을 선택하라는 말입니다. 나쁜 직업은 사회를 탁하게 만들고 혼란에 싸이게 합니다. 특히 마약 거래라든가, 영혼과 사람을 사고파는 직업, 폭력으로 살아가는 직업은 택하지 말아야 합니다.

그렇다면 군인은 올바른 직업이냐고 물어볼 수 있습니다. 군인은 적과 대치해야 하며 전쟁이 발발하면 적군을 살상해야 합니다. 과연 사람을 살상하는 직업에 몸담는 것은 올바른 삶이겠습니까? 병역의무를 하지 않겠다고 양심 선언하는 사람은 어떻게 볼 것인지요? 과연 군 생활은 기피해야 하는 일일까요? 이에 대해 간단히 말할 수는 없지만, 한 국가의 국민으로서 의무는 다해야 한다고 봅니다. 국토를 수호하는 일은 매우 중요하지요. 국토는 내 나라 내 가정 내가 존재하는 곳이기에 **국토수호를 위해 나에게 주어진 의무**를 다하는 것이 올바른 자세일 것입니다.

여섯 번째는 정정진_{正精進}입니다. 이것은 바른 노력이요 물러섬이 없는 한결같은 노력이지요. 훈련이나 교육에 물러서지 않고 노력을 기울이는 것입니다. 어떤 일이든 그 일에 최선을 다하는 것이지요. 작심삼일이라는 말이 있습니다. 굳은 결심을 하고 무슨 일을 벌이긴 하지만 삼일을 못 간다는 뜻입니다. 어떤 경우는 작심 세 시간도 못가는 경우가 있습니다. 아무리 가느다란 물줄기라도 오랫동안 한곳을 향해 떨어지면 바위에 구멍을 뚫습니다. 그렇게 꾸준히 규칙적으로 노력해 보세요. **인생의 성공은 꾸준한 노력의 결과입니다.**

이 정정진을 명상에 적용할 때는 어느 한 명상법을 택해 꾸준하게 수행해 가는 것을 말합니다. 마음에도 근력이 있습니다. 그렇게 마음을 꾸준히 단련하면 마음에 힘이 커지고 굳세지기 마련이지요.

일곱 번째는 정념正念입니다. 정념이란 바른 마음챙김이요 바른 마음집중이지요. 그것은 마음과 행동의 움직임에 깨어 있는 것입니다. 숨 쉴 때는 그 숨 쉬는 행위에 깨어 있고 걸어갈 때는 걸어가는 행위에 깨어 있는 것이지요. 염불할 때는 염불에 깨어 있는 것입니다. 그렇게 깨어 있으면서 생각을 이리저리 굴려 절대로 헤아리지 않습니다. 그렇게 깨어 있으면 그 순간순간에 외부의 잡다한 경계에 시달리지 않습니다. 그 순간에 충실해지는 것도 현재 이 순간에 살아 있는 것이지요. 현실에 깨어 있다 보면 모든 것이 순간순간 흘러가고 있음을 인식합니다. 그러므로 집착할 대상이 없다는 것을 통찰하게 됩니다.

여덟 번째는 정정正定입니다. 이것은 마음이 고요해져 평정한 삼매의 상태에 든 것을 일컫지요. 그러면 어떻게 삼매의 상태에 들어갈까요? 그것은 어떤 한 대상에 대한 고요한 집중을 통해서 이루어집니다. 호흡에 집중할 수도 있고, 염불할 때 불보살님의 이름에 집중할 수도 있습니다. 서편 하늘로 떨어지는 태양에 집중할 수도 있고 자비로운 부처님 모습에 집중할 수도 있습니다. 집중의 방법은 매우 다양하고 간단합니다.

그렇게 집중을 통해 마음이 고요해지면 시끄럽고 산란한 마음이 가라앉고 몸과 마음이 부드러워집니다. 그렇게 고요한 상태에서 마음이 열리면 나 자신은 물론 주변의 사물들을 있는 그대로 보게 됩니다. 내가 온갖 망상으로 대상에 **얽어매지 않습니다.** 생각을 덧씌우지 않습니다. 그렇게 분별하는 생각의 작용이 멈추니 **나와 너를 가르는 경계와 벽이 세워질 리가 없지요.**

Q.₁₁

아플 때가 가장 서럽습니다. 특히 아파도 아픈 티를
냈다간 상관의 질타가 이어지니, 아픈 게 더욱 괴롭
습니다. 어머니의 품이 그립습니다.

군복무 시절 참 슬프고 서러웠던 것이 아플 때였습니다. 졸병 시절 아프다고 말하면 고참들로부터 '군기가 빠졌다'는 말을 듣기 두려워 아파도 아프다는 말도 제대로 하지 못했습니다. 아플 때면 푹 쉬고 영양 보충을 하며 약을 복용하는 등 치료를 받아야 하는데 전혀 그러질 못했지요. 그러니 어머니 품이 그렇게 그리울 수가 없습니다. 아프면 간호해 주고 맛있는 거 먹여 주던 그런 어머니의 품 말입니다.

그런데 요즘은 상황이 많이 변했는지 의무대에 가 보면 실제로 병에 걸리지 않았는데도 아프다고 핑계를 대고 오는 장병도 더러 있다고 하니 아무래도 예전 같지는 않은가 봅니다. 그러나 예나 지금이나 군복무 중 아프면 사람들 눈치가 보이는 건 사실이지요. 편히 쉬고 싶은데 그러지도 못하겠지요. 내무반에 누워 있는 것도 너무 불안하지요. 여하튼 아프면 서럽습니다. 몸도 아픈데 마음까지 서러우니 타향살이도 그런 타향살이는 없을 성싶습니다.

그런데 왜 군대에서 아프면 군기가 빠졌다고 할까요? 그것은 정신상태가 나약해져서 병에 걸렸다는 의미 아닌가요? 정신 차릴 틈도 없이 바삐 움직여야 하는데 딴 생각을 하게 되니 병이 들어왔다는 의미로 받아들여집니다.

하지만 아무리 군대라 하더라도 항상 긴장만 하고 살 수는 없는 노릇이지요. 너무 긴장하면 경직되어 있기 때문에 어긋날 수 있고 사고를 유발할 수 있으며 병으로 발전되기도 합니다. 그러니 아프지 않는 것이 가장 좋지만 세상 일이 어디 그렇습니까?

군에서는 규칙적인 생활과 운동을 합니다. 일정한 시간에 기상해서 아침운동을 하고 훈련을 하며 교육을 받지요. 식사도 규칙적으로 합니다. 그리고 운동량도 많은 편입니다. 그 정도면 육체적으로 건강을 유지하는 데 최적의 조건을 갖추었다고 해도 과언은 아니겠지요.

그 다음 건강을 유지하는 중요한 요소가 정신 상태입니다. **마음 상태는 육체의 건강과 매우 밀접한 관계를 맺고 있습니다.** 정신적 스트레스가 감기는 물론 우울증을 유발하고 암을 키웁니다. 과도한 스트레스와 근심 걱정이 만병의 근원인 것이지요. 마음 상태는 적절한 긴장과 여유로움이 동반될 때 안정되고 평화롭습니다. 마음가짐이 얼마나 육체의 건강과 관련이 있는지 그 단적인 예를 들어 보겠습니다.

한겨울 찬바람이 몰아치는 꼭두새벽에 절에서 불공을 드리는 노 보살님은 감기 한번 걸리지 않습니다. 겨울철 새벽의 사찰 법당은 너무 춥습니다. 그런 법당에서 오랜 시간 동안 기도를 올려도 노 보살님은 추운 기색이 없습니다. 자식을 위해 기도하는 간절한 그 마음이 육신을 따뜻하게 해 주었기 때문이지요. 그것은 정신 상태가 또렷했기 때문입니다. 그렇게 마음을 단속했기 때문입니다. 그러나 **허술한 마음으로 법당의 찬 바닥에 앉아 있으면 여지없이 감기 걸리기 십상이지요.**

이것은 무엇을 말하는가요? 마음가짐이 얼마나 중요한가를 보여주는 것이지요. 그런데 요즘 힘들거나 아파하는 장병들을 보면 다른 사람에 비해 자기가 제일 힘들고 가장 어려운 보직을 맡고 있다는 생각에 사로잡혀 있다는 것입니다. 다들 힘들어 합니다. 약간의 차이는 있겠지만 상황은 다 똑같습니다. 다만 그것을 어떻게 받아들이느냐 하는 마음 자세가 다를 뿐이지요.

기왕이면 적극적인 자세를 가지고 적당히 긴장을 해 주

어야 합니다. 그러나 너무 긴장을 하면 어떻게 될까요? 너무 긴장을 하면 해당 부분이 굳어지고 뻣뻣해집니다. 피가 통하지 않아 유연성이 사라지고 딱딱해지는 것이지요. 생각해 보세요. 해당 부분 근육이 긴장되면 그 부위가 딱딱해지지요? 그렇게 해서 몸이 완전히 굳어지면 그건 죽음입니다. 따라서 몸을 유연하게 해야 합니다. 몸과 마음이 부드러워야 한다는 것이지요.

따라서 정신이 늘 깨어 있으면서 그것이 지나친 긴장감으로 쌓이지 않도록 마음을 잘 조절해야 합니다. 내가 하는 일에 정신을 집중하면서 그것이 또한 부드러워야 하지요. 그렇게 마음을 쓰면 호흡이 깊어지고 따뜻해지며 기의 순환이 원활해집니다. 감기 몸살은 물론 병이 찾아오기도 힘들지요. 그렇다고 하더라도 지나친 피로가 밀려올 때는 육체가 아프다는 소식을 들려줍니다. 그럴 때 쉬어 주어야 하는데 무리하니 병에 걸립니다.

감기 몸살 정도의 병이라면 약을 복용하기보다는 마음의 유연한 힘과 적절한 쉼을 통해서 치료하는 것이 마땅합니다. 감기약이 병을 더 키운다는 말도 있지 않습니까?

그리고 이젠 아무리 군대라 하더라도 힘들고 아플 때는 그 이유를 말하고 쉬어 주어야 한다고 봅니다. 생활관에서 동료들과 장교들은 그런 아픈 병사를 위해 배려해 주면 좋을 것입니다. 푹 쉬게 해 주고 어서 쾌차하라고 관심과 사랑을 베풀어야 하지요. 그것이 군기 잡는다고 두들겨 패거나 눈치 주는 것보다 훨씬 아름다운 일이고 병에서 벗어나는 지름길입니다.

Q.12

제대하면 무얼 해야 할지 막막합니다. 무엇을 준비
해야 할까요?

장병들의 고민 중에 하나가 제대하고 사회에 나갔을 때 무엇을 할 것인가 막막하다는 점입니다. 상병이나 병장이 되면 어느 정도 여유가 생기고 제대할 날이 점점 다가오니 그런 고민이 더욱 쌓이게 됩니다. 미래가 너무 불확실해 어디로 가야 할지, 무슨 일을 해야 할지 고민이 이만저만이 아닙니다.

저도 대학원을 마치고 늦은 나이에 군대에 갔습니다. 제대하고 박사 과정에 들어가야 할지, 직장에 취직해야 할지 무척 고민스러웠습니다. 그리고 어떤 일자리를 찾아야 할지도 막막했지요. 진로 문제, 취업 문제, 집안 문제 등등이 마음을 무겁게 짓눌렀던 것입니다.

아마도 장병들의 평균 연령대가 20대 초중반일 것입니다. 대부분 대학을 다니다 휴학을 했거나, 고등학교를 졸업하고 입대했겠지요. 입대하게 된 계기도 다니는 학교나 전공이 마음에 안 들거나 적응을 못해서, 학비 부담이 크기 때문에, 또는 직장을 구하지 못해서 들어온 사람도 상당수라고 생각됩니다. 그래서 군대에 가서 시간을 벌어보자는 심산도 있었을 것이지요.

여하튼 20대 초중반의 나이는 진로나 공부, 여자 문제로 많이 고민할 때입니다. 무엇을 어떻게 선택해야 할지, 어학을 어떻게 해야 할지, 자격증을 따야 할지 생각이 많지요. 군문을 나서면 그러한 것과 직면해야 합니다.

그렇다면 자신의 진로와 관련하여 군 생활을 어떻게 보내야 할까요? 특기병이라면 그래도 나을 텐데, 그렇지 못한 경우 고민이 많습니다. 어떻게 2년이라는 세월을 보내면서 미래에 대한 진로 문제를 해결할 수 있을까요? 그 몇 가지 방안을 제시해 보려고 합니다.

첫째는 하나의 어학이라도 제대로 마스터해 보세요. 영

어나 중국어, 아니면 그 밖의 언어를 정해서 규칙적으로 공부하는 것입니다. 외국어를 못하면 기초부터 시작할 것이요, 어느 정도 외국어를 하는 사람이라면 계속 그 감각을 잃지 않도록 살려나가야 합니다. 외국어는 하다가 안 하면 퇴화가 빠르지요. 그러므로 회화나 쓰기 정도를 계속 연마해 나간다면 큰 도움을 얻을 것입니다. 간단한 문장이라도 하나하나 외워가면서 자신의 것으로 삼아 보면 효과적이지요. 아마 제가 하는 이런 이야기는 많이 들어보았을 것입니다. 그러나 실천이 어렵지요. 실천하세요.

둘째는 사회에 나가서 무엇을 할 것인가 진지하게 생각

해 보는 시간을 가져 보세요. 차분하게 자신의 과거를 돌이켜 봅니다. 그 동안 내가 어떻게 살아 왔는지, 그리고 앞으로는 어떤 일을 할 것인지 생각하는 것입니다. 그렇게 해서 인생에 대한 목표가 정해졌으면 그 목표를 달성하기 위해서 군대에서는 내가 무엇을 해야 할 것인가를 구체적으로 정리합니다. 실천 가능한 한두 가지만 정해서 그렇게 꾸준히 노력해 보세요.

자신이 축적한 지식과 경험은 언젠가는 활용할 때가 반드시 옵니다. 당장에 활용하지 못하더라도 나중에 쓰일 데가 있습니다. 하물며 구체적인 목표를 가지고 노력한다면 그 효과가 머지않아 나타날 것입니다. 그렇게 목표를 정해서 마음에 그리면 그리는 대로 이루어지기 마련이지요. 가지 않거나 가다가 그만두니 문제가 됩니다.

셋째는 시간을 효율적으로 활용하십시오. 허송세월하는 것처럼 아까운 것은 없습니다. 시간은 다시 돌아오지 않지요. 어떤 악조건에서든지 그것을 내 인생을 살찌우는 기회로 삼고 그 시간을 최대한 활용해 보세요. 자투리 시간도 활용해 보도록 합니다. 당장 도움이 되지 않는 교육을 받는다 할지라도 건성으로 듣지 말고, 거기에서 내가 무엇을 배울 수 있을 것인가를 곰곰이 생각해 볼 일입니다. 그래도 도무지 들을 가치가 없는 교육이라면, 자기를 성찰하는 시간으로 삼아 보세요.

넷째는 또 말하지만 군대에서의 생활을 자신을 단련하는 기간으로 삼는 것이 중요합니다. 어려운 조건 속에서 자신을 길들이지 못하면 앞으로 어떠한 어려움도 헤쳐 나가기 힘들지요. 살아가다 보면 예기치 않은 많은 곤경에 부딪힙니다. 성공한 사람들 애기를 들어보면, 어려운 상황에 직면해서 거기에 좌절하지 않고 돌파해 나갔다고 이구동성으로 말합니다. 그렇게 하려면 자신을 잘 다스려야 합니다. 자신을 다스리는 길은 수행, 즉 명상이 최고이지요.

Tip

마음을 평화롭게 하는 수행 방법

수행이란 무엇인가요? 수행이란 명상이라고도 하지만 그보다 범주가 깊습니다. 그러나 명상이라고 불러도 무방하지요.

수행이란 몸과 마음을 닦는 것입니다. 오염되고 탁한 때를 닦아내 맑고 깨끗하게 하는 것이지요. 힘들고 걸리고 다투는 마음을 잠재워 마음을 평화롭게 하는 것입니다. 지나친 긴장을 덜어 내 몸과 마음을 유연하게 하고 푹 쉬게 하는 것이지요. 집착하는 마음을 비워내고 내려놓는 것입니다. 급하게 달아오르는 마음을 청량하게 식혀주지요. 그래서 수행은 내 마음의 산책이며 시원한 바람이 불어오는 오솔길을 걷는 것과 같습니다.

일단 편하게 앉아서 수행하는 것이 가장 안정적이고 쉽지요. 그것을 좌선坐禪이라고 합니다. 좌선이란 앉아서 선에 들어간다는 의미이지요. 선이란 주변의 시끄러운 상황에서도 흔들리지 않고 본마음을 들여다보면서 고요히 깨어 있는 것입니다. **진정한 나를 찾고 세상의 주인이 되는 것**이지요. 물론 선에 드는 것은 앉고 서고 눕고 걸어가면서도 가능합니다.

그렇지만 가장 안정적인 것이 좌선이고 앉을 수 있는 공간만 있다면 누구라도 실천할 수 있기 때문에 이 좌선을 중심으로 설명하겠습니다.

먼저 가부좌로 앉습니다. 불교에선 좌선 자세를 가부좌라 합니다. 책상다리로 앉되, 왼쪽 다리를 들어 사타구니 깊숙하게 들여 놓고 오른쪽 다리를 그 위에 포갭니다. 이것을 반가부좌라 합니다. 그 반대로 하기도 하지요. 그렇게 한 다음 양 무릎이 나란히 땅에 닿도록 합니다. 그러기 위해서는 방석 뒷부분을 접어서 엉덩이에 받칩니다. 그래도 맨 처음엔 잘 되지 않습니다. 부지런히 하다 보면 자세가 나옵니다. 여러분들이 신병 때는 자세가 안 나왔지만 고참이 될수록 자세가 나오는 것과 같은 이치입니다.

그 다음 허리를 반듯이 폅니다. 머리를 실로 잡아당기는 기분으로 허리를 곧추세웁니다. 그리고 양손을 겹쳐서 동그랗게 한 다음 다리 위에 단전 부분에 가볍게 올려놓습니다. 양손을 양 무릎에 얹어 놓아도 됩니다. 눈은 반쯤 뜨고 전방 1, 2미터 방향을 응시합니다.

그 다음 모든 긴장을 쭉 뺍니다. 마치 내 몸이 눈사람인 것처럼 생각하고 머리부터 발끝까지 모두 허공 속으로 녹아서 사라지는 것처럼 몸과 마음을 비웁니다.

이후에는 다음의 여러 방법 중 마음에 드는 것이나 모두 해본 후 잘 되는 것을 골라 수행하면 됩니다.

1. 내려놓기

수행에서 내려놓는 것만큼 중요한 것은 없습니다. 근심, 걱정, 욕심, 분노, 올라오는 생각 등을 내려놓아야 하지요. 그런 것들이 올라오면 마음이 분주하고 시끄러우며 갈

피를 잡지 못하고 불안하기 때문입니다.

따라서 좌선한 상태에서 어깨나 눈의 긴장은 물론 올라오는 생각 등을 단전 부위로 쑥쑥 내려놓는 것이 중요하지요. 올라오면 올라오는 대로 그대로 내려놓습니다. 그리고 다시 몸이 긴장되었다 싶으면 힘을 쭉 빼 주고 긴장을 풀어 주듯이 내려놓습니다. 그렇게 계속하다 보면 시원하고 따뜻한 기의 흐름을 느낍니다. 마음이 편해지는 것은 물론이지요.

제가 '내려 놓기' 명상을 지도하는데, 한 청년이 곤혼스러워 하는 말인 즉 '내려 놓아야지, 내려 놓아야지' 하니까 '내려 놓는다는 생각' 만 마음에 빙빙 돌더랍니다. 어찌할까요? 그럴 때는 그 내려 놓는다는 생각에 집중해 보세요. 그것 또한 명상의 일종이니까요. 그러다가 거기에 집중이 안 되면 다시 내려 놓기 명상을 진행해 보세요.

내려놓기는 좌선 상태에서 뿐만 아니라 언제 어떤 자세로도 가능합니다. 특히 취침하기 전에 누워서 그날 있었던 모든 기분 좋지 않았던 일, 상관으로부터의 질책당한 일 등도 다 내려놓아 보세요. 올라오는 대로 내려놓으세요.

그렇게 놓고 또 놓으면서 하루를 정리해 보십시오.

2. 호흡과 배에 집중하기

먼저 숨을 들이쉽니다. 그 다음 코를 통해 천천히 가늘게 내쉽니다. 그렇게 해서 한 번의 호흡이 끝나면 '하나' 하면서 마음으로 셉니다. 그 다음 두 번째도 그렇게 합니다. 이렇게 열까지 셉니다. 그리고 다시 '하나', '둘' 하면서 호흡을 세어가면서 거듭합니다. 그렇게 하다 보면 내면의 따뜻한 숨결이 느껴지면서 마음이 고요해집니다.

또 다른 방법은 호흡의 움직임을 자연스럽게 느끼는 것입니다. 마음을 인중 부위에 집중하면서 숨이 들어가면 들어간다고 알아차리고 나오면 나온다고 알아차립니다. 그렇게 계속 호흡의 느낌을 알아차리는 것이지요.

이와 유사한 방법으로 배가 일어나고 꺼지는 것을 관찰할 수도 있습니다. 배가 일어나면 일어난다고 알아차리고 꺼지면 꺼진다고 알아차립니다. 거듭거듭 그렇게 하다가 다른 생각이 들어오면 그 생각도 알아차립니다. 생각은 알아차리는 순간 사라집니다. 사라지면 다시 배가 일어나고 꺼지는 것에 집중합니다.

3. 호흡과 함께 생명과 평화 느끼기

들숨을 코를 통해 전신으로 서서히 받아들이며 생명이 깨어나는 것을 느낍니다. 날숨을 길게 내쉬면서 내 생명의 따뜻한 기운이 전신을 휘감고 지나가는 것을 상상합니다. 그러면서 번뇌와 분노를 밖으로 내보냅니다. 입가에 살포시 미소를 지어봅니다.

따뜻한 생명은 부처님 마음이요 생명입니다. 그것을 불성佛性이라고도 하지요. 또한 그것을 신령스러운 기운이라 해서 영성靈性이라고도 합니다. 이러한 생명의 따뜻한 빛으로 전신을 비추어 봅니다. 신체적으로 아픈 곳이 있다면 이러한 빛으로 아픈 곳을 따뜻하게 쬐어주고 병의 뿌리가 사라진다고 명상해 보세요.

4. 부처님 이름과 상호에 집중하기

아미타부처님은 염불의 대명사입니다. 그분은 무한한 생명의 부처님이요 한량없는 광명의 부처님이기 때문입니

다. 나의 생명과 빛이지요. '나무아미타불'은 그러한 생명
과 빛의 부처님께 목숨바쳐 귀명하는 의미이고 '나무아미
타불' 하고 칭명하여 부처님의 가피^{일종의 은총}를 구하는 것입
니다. 염불은 그 아미타부처님을 마음속 깊이 생각하며
떠올리는 것이지요. 그 방법은 입으로 '나무아미타불' 하
고 외면서 마음으로도 그것을 깊이 새기며 귀로도 분명히
듣는 것입니다. 그렇게 거듭거듭 해 나가며 끊어짐이 없이
지속하면 마음이 그 염불에 집중되어 고요해집니다. 소리
를 낼 수 없는 상황이라면 마음속으로 합니다.

그 밖에 자비롭고 온화한 부처님 상호를 가만히 집중해
서 바라보면서 마음에 새겨가는 방법도 있고, 석양의 태양
을 바라보며 거기에 집중하기도 합니다. 한밤중에 달을 바
라보며 마음을 모아볼 수도 있을 것입니다.

5. 화두에 집중하기

화두란 근원적인 의문을 말합니다. 이를테면 '나는 누구
인지?', '세상의 시작과 끝은 있는지?' 등등의 의문은 사
람의 이성으로는 답할 수 없는 궁극적인 의문이지요. 그러

나 그러한 의문은 풀지 않으면 갑갑한 그런 의문입니다. 그래서 그 의문을 마음에 품으면 거기에 모든 것이 집중되기 마련이지요. 그렇게 집중되면 생각의 길과 말길이 차단됩니다. 인간의 이성 작용이 멈추는 것이지요. 그렇게 해서 무념의 상태로 돌아가면 마음이 고요해집니다. 이러한 수행법을 간화선看話禪이라 합니다. 화두를 마음속에 깊숙하게 들어 올려 바라보는 수행이라는 의미지요.

그러나 이 글의 서두에서도 말했지만 수행은 앉아서 하는 좌선坐禪만이 아니라 가고, 서고, 눕고, 밥 먹고 움직이면서도 할 수 있습니다. 그것을 행선行禪이니 와선臥禪이니, 생활선이니 하는 것이지요. 그렇게 **선에 들면서 본마음에 접합니다. 본마음에 접하면 나는 그 순간 자유인이요 행복한 사람입니다.**

※이러한 수행법에 대해서 궁금하면 《왕초보 수행박사 되다》(고명석 저, 민족사)를 참조하거나 법당에 가서 법사님들의 도움을 얻으면 됩니다.

최종 결정은 내가 한다!

세상에서 가장 가치 있고 귀중한 것은 무엇일까요? 외롭고 힘들 때 무엇이 나를 평화롭게 하는가요? 돈, 명예, 사랑하는 여인, 다이아몬드, 맛난 음식, 진정한 친구, 호화로운 집인가요? 장병들에게 귀중한 건 휴가일까요? 자유일까요?

돈도 좋고 명예도 좋습니다. 세상 사람들이 그것을 손아귀에 넣으려고 애를 쓰고 있으니 말입니다. 아름다운 여인과 진정한 친구도 나에게 도움을 주는 건 사실입니다. 그러나 그들 또한 내가 한없이 고독하고 힘들 때, 아주 위태로운 순간에 큰 도움을 줄 수 있을지 모르지만 최종적인 것은 나 자신의 결단과 주체적인 행위에 달려 있지요.

아무리 훌륭한 사상이나 철학도, 예술이나 종교도 나를 대신할 수 없습니다. 그렇다면 신은 나를 대신할 수 있을까요? 과연 그럴까요? 아무도 나를 대신할 수 없을 것입니다. 그러므로 가장 중요한 것은 바로 나 자신입니다. 그래서 부처님은 이렇게 말씀하십니다.

사랑하는 연인도 부모도 내 목숨을 대신해 줄 수 없습니다. 내 삶을 대신해 줄 수 없지요. 물론 남을 대신해서 내가 죽을 수도 있습니다. 너무 사랑하여 그 사람을 대신해서 죽는 경우가 그렇지요. 살신성인의 정신이지요. 그러나 그렇게 하는 것도 내 목숨이 다른 사람을 살리는 데 도움을 줄 수 있다는 자기 자신의 자각이 있었기 때문에 가능한 일입니다. 거기에는 나의 주체적인 선택과 자신을 비우는 내 마음이 강하게 작용합니다.

물에 빠졌을 때 자신이 수영을 잘 한다면, 그리고 당황하지 않는다면 위험에서 스스로 벗어날 수 있습니다. 물론 수영을 못할 경우 남의 도움을 받아서 위기에서 벗어날 수도 있지요. 그런데 홀로 있는 상황이라면 어떤가요? 우선

나 자신을 신뢰하고 스스로의 힘으로 헤쳐 나갈 수밖에 도리가 없습니다. 그러고 난 다음 도움도 청할 수 있을 것이지요.

제 경험을 얘기해 보겠습니다. 아주 복잡한 지하도를 통해서 어느 버스정류장으로 가는 코스를 몇 번인가 걸었던 기억이 납니다. 그때 저는 그곳 지리를 잘 아는 어떤 사람과 함께 그 길을 동행했습니다. 그 사람이 있기 때문에 나는 무심코 그 사람만 따라갔습니다. 별달리 신경 쓰지 않고 그렇게 편하게 길을 갔지요.

그런데 어느 날 사정이 생겨 그 사람이 안 나왔습니다. 그래서 혼자서 그 길을 갔습니다. 그런데 정말 어디가 어딘지 어떻게 가야 하는지 너무나 헷갈렸습니다. 한참을 헤맨 끝에 나는 그 길을 찾을 수 있었지요. 그런 경험이 있고 난 뒤 나는 혼자서도 그 길을 갈 수 있는 능력이 생겼습니다. 전에는 노예처럼 끌려갔다면 이제는 주인이 되어 내가 간 것입니다.

인생길도 마찬가지라고 봅니다. **최종적 선택은 누가 아닌 내가 결정해야 합니다.** 내가 그 길을 스스로 헤쳐 나가야 합니다. 다른 사람은 단지 도움을 줄뿐이지요. 그런데 우리는 나 자신을 알지 못하고 나 자신을 잘 다루지 못합니다. 나 자신을 보지 못합니다. 나는 남과 다르다고 하면서 네가 누구냐고 물으면 답하지 못합니다. 매사에 자신밖에 모르면서 자기가 누구냐고 물으면 모르겠노라고 말합니다. 그렇게 정처 없이 걸어가고 있습니다.

그러면 정말 나 자신은 믿어도 좋은가요? 내가 나를 내 의지처로 삼을 수 있을 것인가요? 부처님께서는 인간은 모두가 본래 부처의 모습을 지니고 있다고 했습니다. 단지 시비와 분별 때문에 그것을 못보고 있을 따름이라고 했지요. 따라서 우리는 내 안에 부처님의 밝은 생명이 숨쉬고 있다는 사실을 믿어야 합니다.

나무가 자신의 뿌리를 의지하고 지탱하지 않으면 무엇에 의지하겠습니까? 내 안에 허공과 같은 큰마음이 출렁거리고 있습니다. 그래서 석가모니부처님께서도 **'진리에 의지하고 너 자신에게 의지하라'**고 하셨지요. 그것은 부처님의 가르침에 따라 각자 자신 속에 깊이 간직되어 있는 부처의 성품에 믿고 의지하라는 의미입니다.

그렇다면 어떻게 내 안에 있는 부처의 성품을 찾을 수 있으며 자신을 잘 다스릴 수 있는가요? 나 자신의 진정한 모습, 그것을 선禪에서 진면목이라고 하며 주인공이라고 합니다. 그러한 모습을 보려면 수행을 해야 하지요. 선禪을 비롯한 다양한 수행법은 자신을 잘 다스려 나가면서 자신을 찾아가는 길입니다. 수행을 하면 자신의 깊은 내면속으로 깊이 들어갑니다. 깊고 고요한 그 자리에서 자신의 참생명과 만나게 됩니다. 그것이 부처님 마음이요 본마음이지요. 그렇게 내 안의 부처를 찾게 되면, 밝고 고요한 그 자리에 굳건히 서게 되면 어떤 외부의 소란스러움이나 고통에도 흔들리지 않습니다. 절망하지 않습니다.

그렇게 자신을 찾아가는 길은 선사들이나 수행승만이 하는 것은 아닙니다. 마음을 쉬게 되면 가끔 그러한 나 자신의 모습을 들여다보게 되지요. **규칙적인 수행은 마음의 근육을 강화시켜 줍니다.**

자신을 다스릴 수 있다는 것은 육신의 욕망과 마음의 탐욕에 좌우되지 않고 외부의 환경에 좌우되지 않는다는 것이지요. 그렇게 자신을 잘 다스리면 얻기 힘든 주인을 얻습니다. **내가 내 삶의 주인공이 됩니다.** 내가 삶의 주인공이라면 어떠한 일이든 내 마음대로 못할 일이 무엇이 있겠습니까? 정말 죽고 사는 것이 자유롭지요. 어떤 급박한 상황이 전개되더라도 놀라거나 두려워하지 않을 것입니다. 그래서 경전에서는 말합니다.

소리에 놀라지 않는 사자처럼

그물에 걸리지 않는 바람처럼

흙탕물에 물들지 않는 연꽃처럼

무소의 뿔처럼 혼자서 가라.

《숫타니파타》